もっと！京大変人講座

市岡孝朗／伊勢田哲治／
土佐尚子／嶺重 慎／富田直秀
【特別鼎談】
酒井 敏／伊勢田哲治／越前屋俵太（京大変人講座ディレクター兼ナビゲーター）

三笠書房

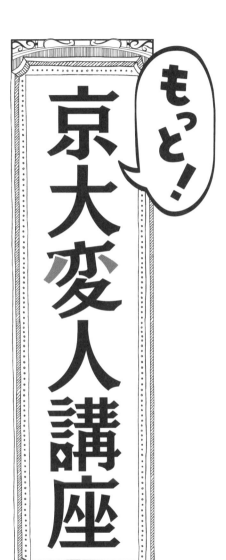

「京大変人講座」？
それって、
いったい……

「京大変人講座」とは、京都大学に連綿と受け継がれている

「自由の学風」（誰も何も教えてくれない!?）と、

「変人のDNA」（奇をてらうのでなく、意外と地味!?）

を世に広く知ってもらうため、京都大学の先生を中心に二〇一七年に発足した、誰でも参加できる公開講座です。基本的に京都大学のキャンパス内で開催されています。

「京大では〝変人〟はホメ言葉です！」

を合言葉に、さまざまなジャンルの先生方を招いて、毎回、濃密で白熱した講義を開催！

学生はもちろん、老若男女、年齢や性別を問わず、どなたでも聴講できます。

「京大変人講座」公式サイト
http://www.gaia.h.kyoto-u.ac.jp/henjin/

本書は、この「京大変人講座」の実際の講義をもとに（ときに脱線し、飛び越えながら）、活字にまとめたものです。

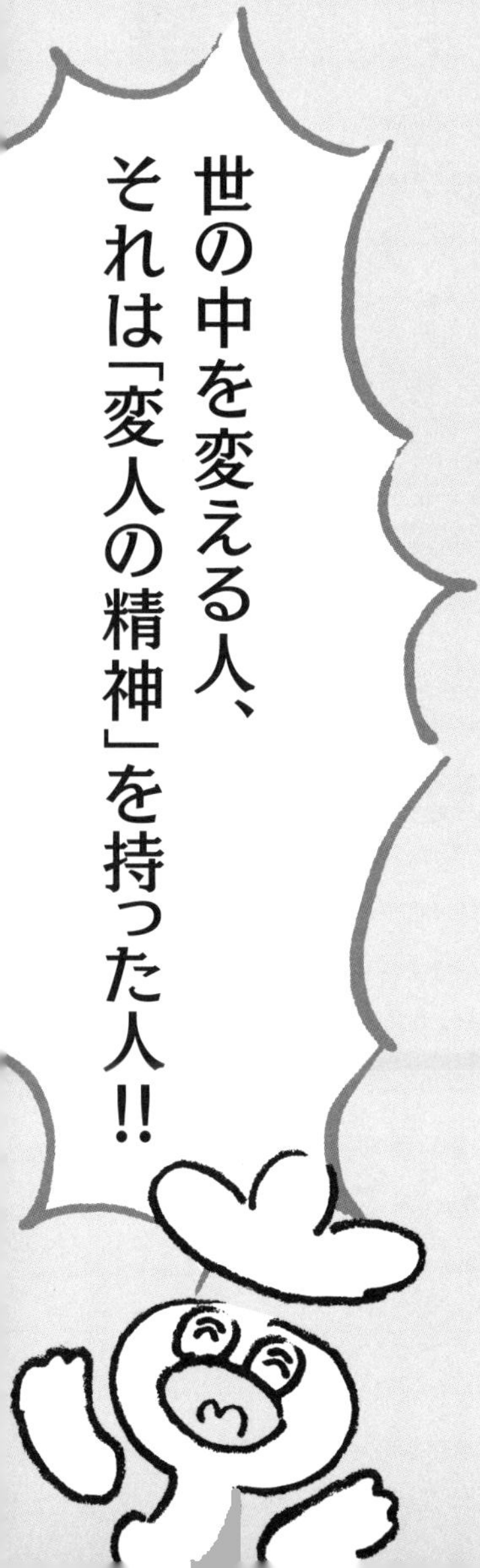
世の中を変える人、それは「変人の精神」を持った人!!

はじめに ようこそ！ 京大変人講座へ！

みなさん、こんにちは。京大変人講座ディレクター兼ナビゲーターの越前屋俵太です。

京大変人講座とは、京都大学で実際に開講されているユニークな公開講座です。大学の公開講座といえば、普通は先生が一人で講演されている場合がほとんどです。それなのになぜ、僕がディレクター兼ナビゲーターとして関わっているのか？　と、不思議に思う方もいらっしゃると思います。実は僕も講座中、演壇に立って先生と一緒にしゃべっています。

大学の先生方の中には、専門家が集まる学会での発表は慣れていらしても、一般の方々向けの公開講座となると、研究内容を聞き手に伝えるのが不得意な方もいらっしゃいます。自分が理解することと、理解したことを人にわかりやすく伝えることとは、まったく別の話だからです。

先生方は、独特の世界観を持たれている方が大半です。たとえその道の専門家でなくても、そんな先生の世界にもっと深く入り込んで、先生がおもしろがっていることを一緒におもしろがれたら、それは本当に「楽しいだろうなぁ！」と僕は思います。しかし実際には、先生の話を理解しようと必死になって聞いていても、少しわからないことがあって、一度引っかかってしまうと、その後の話がつかめなくなったり、置いてけぼりになったり……。そんな経験、みなさんにもありませんか？

京大変人講座では、僕が聞き手のみなさんと先生の橋渡し役となり、先生の話をトランスレート（翻訳）する形式で講座を行っています。先生と僕が繰り広げる「学問的ツッコミとボケ」。これこそが、京大変人講座の最大の特徴であり、醍醐味《だいごみ》なのです。

ところで、読者のみなさんの中には、こんな疑問を抱く方がいるかもしれません。

「どうして京大の先生でも京大ＯＢでもない越前屋俵太が、京大変人講座のディレクター兼ナビゲーターをしているの？」

「というか、そもそも越前屋俵太って、いったい誰？」

至極、もっともな疑問です。

話せば長くなるのですが——話さないとわかりませんね！（笑）——もともと僕は、タレントになりたかったわけではありません。三五年ほど前、テレビ番組をつくる仕事をしていました。売れているタレントさんをスタジオに呼び、台本どおりに展開していくような番組づくりがつまらないと思い、「街のおじさん、おばさんをいじったほうがおもしろいんじゃないか？」などと主張して、実際に自分自身でいろんなアイデアを考えては試してました。そんな流れの中で「探偵！ナイトスクープ」の立ち上げにも関わったわけです。

今でこそ、タレントさんが街中で素人相手にロケをするのは当たり前になりましたが、当時は「素人が、素人相手に何やってるんだ!」(僕は関西大学の二回生のとき、すでにテレビ番組に出てました)と、なかなか僕のやり方を理解してくれる番組制作者はいませんでした。

人当たりのいい人気タレントになるより、ただ純粋におもしろいことをやりたかった僕は、そんな厳しい状況に抗《あらが》いながらマニアックな番組をつくっていました。

たとえば、現在の街ブラ番組の基礎をつくったといわれている福井のテレビ番組「俵太の達者でござる」では、従来の「誰それに会いに行く!」という最初から決まっているロケの目的を捨て、ただ出会った人とだけアドリブで話をするという手法でつくりました。それが大ヒットし、当時の大人気番組「料理の鉄人」を破って、日本民間放送連盟の最優秀賞も受賞させていただきました。

この番組の放送は福井県だけでしたので、他の都道府県の人はたぶんご存じないと思います。この番組をモデルに、「鶴瓶の家族に乾杯」がつくられたと聞いています。「電波少年」しかり、「ダーツの旅」しかり、僕が実際に考えた企画やコーナーがベースになっているようです。

ここ最近、やっと、錚々《そうそう》たる有名番組のプロデューサーの方々が口をそろえて、「俵太さんの番組を参考にさせてもらいました!」とブログ等で発信してくれるようになりました。

まあ、そんな僕だったわけですが、一八年ほど前に、テレビ業界の体質が合わなくなり、一時期、山にこもって生活をしていました。

その後、縁あって大学で講師をするようになった僕は、またまた縁あって京都大学の川上浩司先生（詳しくは本書の前作『京大変人講座』参照）と出会います。川上先生の研究の切り口やお話がとてもおもしろかったので、京大で先生の授業を手伝いながら大学内で学術イベントを一緒に開催するほど、意気投合してしまいました。越前屋俵太の中のこだわりが、研究者のこだわりとシンクロした瞬間でした。


あるとき、そこに一人の先生がやってきて、

「俵太さん、京大って変人がいっぱいいるんですよ。どうです。一緒に京大で公開講座をやっていただけませんか？」

「どうもわれわれ大学教授というのは、自分の世界の中だけで話してしまうクセがあって、なかなか世の中の人には言いたいことがうまく伝わらないのです」

と、僕に声をかけてくださったその人こそ何を隠そう、京大変人講座の生みの親である酒井敏先生だったのです。

というわけで、僕が京大変人講座のディレクター兼ナビゲーターを務めるようになったのですが、そこで驚いたことがあります。それは酒井先生を筆頭に、緊張しながらお会いした先生方が、僕が初めて企画・制作・演出・出演のすべてを手がけた『モーレツ！科学教室』というバラエ

ティ番組の大ファンだったのです。中にはビデオを全巻持っていた方もいて、ビックリしました。

このように、テレビの世界では異端児としてうとまれていた僕を、京大の変人たちは温かく迎え入れてくれました。

「あー、そうか、ここなら生きていける」

まさに**京大は変人たちのパラダイス**だったのです。


講座の中で、僕は先生のお話をトランスレート（翻訳）している、と言いました。

最初のころは、聞いてるみなさんが理解できるように、もちろん僕も必死になって一〇〇パーセント、トランスレートしようとしていました。しかしあるときから、「これは違うな」と気づいたのです。そもそも、一つのテーマを何十年と研究してきた先生のお話を、簡単に理解できるはずがありません。逆にいえば、「そんなに簡単にわかってたまるか！」ということです。

最近では「七割ぐらいをトランスレートして、あとの三割はわからないままにしておこう！」と割り切るようになりました。むしろ**「わからない」というのりしろの部分こそが、知的欲求を深める上で大事なんじゃないかなー**、とも思っています。

さらにいえば、本当に知ってほしいのは、理論というより先生方の生きざまです。

「何かにこだわりを持ち、追究するものがあれば、周りと違っていてもかまわない」

京大の先生方から、そんな熱いメッセージがほとばしってくるのを感じます。

この本は、実際に京大で開催した変人講座を収録し、それをもとに編集した、いわば「講義録」です。これを読んで興味をお持ちになった方は、ぜひ、京大キャンパスに足を運び、実際にライブで行われている京大変人講座を体感していただきたいと思います。

本書は読みやすいように講座の内容をある程度スムーズにまとめていますが、実際の講座では先生と僕の会話のやりとりに、観客のみなさんが大笑いすることもしばしばです。そんな現場の空気感を聴衆のみなさんと一緒に共有することこそ、京大変人講座の真骨頂なのです。

とはいえ、講座に参加できるのは毎回三〇〇人のみ。また、「なかなか京都までは行けない」というファンの声にも応えるべく、このたび、京大変人講座をオンライン化し、動画配信することにしました。その名も「変人オンデマンド」です（本書の帯の折り返しの案内もご覧ください）。

京大から地理的に遠く離れたみなさんのところにも、「変人」をお届けします。オンライン上で、京大の変人先生に僕がさらに深くインタビューしている動画や、みなさんから寄せられた質問を先生に答えてもらう企画など、盛りだくさんです。ぜひお楽しみに！

さて、前置きはこれくらいにして、京大が誇る!?　変人の先生方に早速登場していただきましょう！

京大変人講座ディレクター兼ナビゲーター　**越前屋俵太**

CONTENTS

2

科学哲学の教室

曖昧という真実

——割り切れないから見えてくる、グレーゾーンに潜む可能性

文学研究科 准教授 科学哲学 伊勢田哲治《いせだてつじ》

アート&テクノロジー学の教室

3

アートはサイエンスだ！
——アーティストと研究者、二足のわらじで見つけた日本の美

大学院　総合生存学館　アートイノベーション産学共同教授　土《と》佐《さ》尚《なお》子《こ》

5

SUKIる学の教室

「できない」から「できる」んだ

――「他人事」になる社会の中で、自分の唯一性を持って生きる

大学院 工学研究科 教授 医療工学 富《とみ》田《た》直《なお》秀《ひで》

京大変人講座 発起人　酒井《さかい》 敏《さとし》

執筆協力：玉置見帆／渡辺稔大
本文イラスト：死後くん
本文DTP：フォレスト

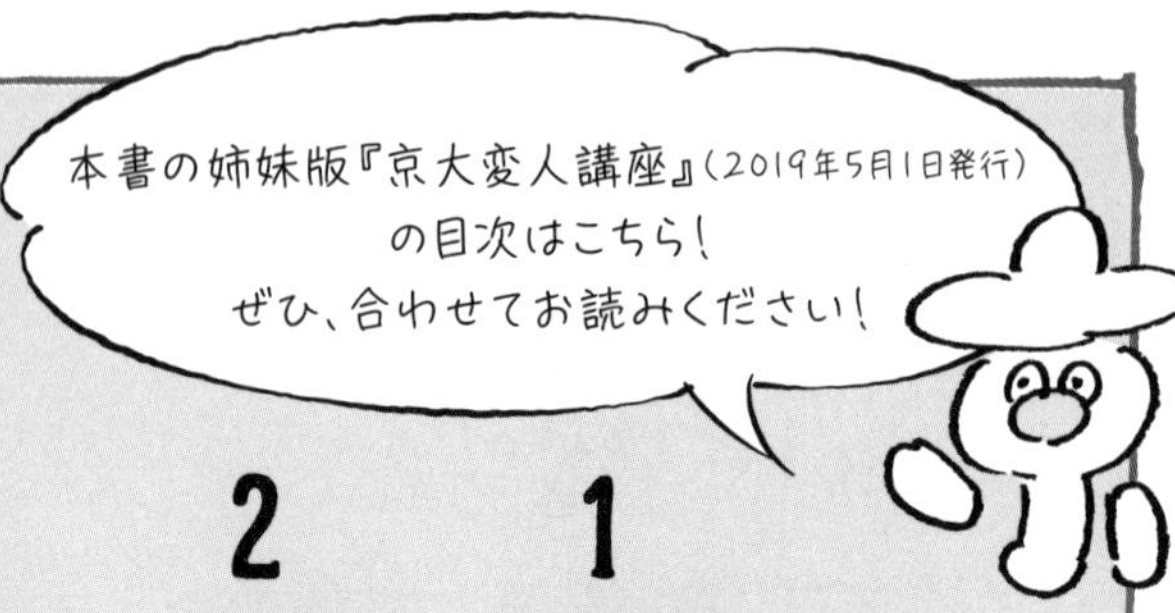
本書の姉妹版『京大変人講座』（2019年5月1日発行）
の目次はこちら！
ぜひ、合わせてお読みください！

嶺重 慎（みねしげ・しん）

京都大学大学院理学研究科教授。京都大学宇宙総合学研究ユニット長。理学博士。

1986年東京大学大学院理学系研究科博士課程修了。マックスプランク研究所、ケンブリッジ大学などを経て、現職。専門はブラックホール天文学。学生時代から視覚障害者の教育に携わる。現在、天文用語の手話表現にはまっている。

市岡孝朗（いちおか・たかお）

京都大学人間・環境学研究科教授。生態学・昆虫学者。

同大学院農学研究科博士課程修了。1993年京大農学博士、2013年より現職。特にボルネオ島の熱帯雨林を拠点に、主に昆虫と植物の相互関係の多様性、進化、生態に関する研究を進めている。

富田直秀（とみた・なおひで）

京都大学大学院工学研究科教授。工学博士。医学博士。

早稲田大学大学院理工学研究科資源及金属工学専攻修了。奈良県立医科大学大学院医学研究科博士課程修了。医療技術の研究開発と実用化の一方、アート視点の工学教育への応用にも取り組んでいる。

本書に登場する先生たち

〉土佐尚子（とさ・なおこ）〈

京都大学大学院総合生存学館アートイノベーション産学共同教授。

東京大学大学院工学系研究科にて、芸術とテクノロジー研究で工学博士号を取得。メディア芸術の教育と研究を推進する、日本を代表するアーティスト。作品はニューヨーク近代美術館、国立国際美術館などに所蔵されている。

2016年度文化庁文化交流使として、ニューヨークのタイムズスクエアにて60台以上のビルボードで1カ月間、Sound of Ikebana Springを毎夜上映して文化交流を行う。

Research HP　http://tosa.gsais.kyoto-u.ac.jp/
NAOKO TOSA Artworks HP　naokotosa.com

〉伊勢田哲治（いせだ・てつじ）〈

京都大学文学研究科准教授。メリーランド大学よりPh.D.（哲学）。

科学哲学、倫理学を研究。境界設定問題、科学的実在論論争、ベイズ主義、メタ倫理学的内在主義、功利主義などの理論的なテーマとともに、動物倫理学、宇宙倫理学などの応用倫理の研究も行っている。

酒井 敏（さかい・さとし）

京都大学人間・環境学研究科教授。
地球物理学者。
同大学大学院理学研究科修士課程中退。1986年京大理学博士、2009年より現職。
もともと海洋物理が専門だが、2006年「フラクタル日除け」を発明し、現在は主にその研究をしている。

越前屋俵太（えちぜんや・ひょうた）

「京大変人講座」のディレクター兼ナビゲーター。
「探偵！ナイトスクープ」「世界ふしぎ発見！」などの人気番組で活躍。芸能プロダクションに所属せず、最初から個人事務所を立ち上げ、企画・演出・制作もこなしていた芸能界の変人。現在は、関西大学、和歌山大学、高知大学、京都芸術大学、京都外国語大学で教鞭をとるほか、書動家「俵越山」など活動は多岐にわたる。

キョーちゃん

京大でひそかに開発されたAIロボット。

くすのき博士

脳ミソが京大のシンボル「クスノキ」の形をしている。

熱帯生態学の教室

1

アリ社会の仁義なき掟

――女王アリと働きアリの微妙な関係

市岡孝朗

人間・環境学研究科　教授　生態学

子どものころからの“昆虫少年”。好奇心のおもむくまま、好きなことをしていたらこの道に。

昆虫の世界は、知らないことだらけ！

「いろいろな昆虫と出会える熱帯に行ってみたい！」

それが、昆虫採集が大好きだった私の、幼いころからの憧れでした。

私たち人間は、昆虫の全貌をいまだに把握できていません。

地球上に生息する生物種の半分以上は昆虫ですが、そのうち、名前がつけられている昆虫は、おそらくその二～三割程度だろうといわれています。

名前のない昆虫は五〇〇〇万種類以上にもなると考えられており、さらには**そのほとんどが熱帯雨林に生息している**と考えられています。

ですから、虫を研究する者は熱帯雨林に惹かれずにはいられません。

終わりの見えない奥深い昆虫の研究に、私はすっかりハマってしまいました。

私が初めて足を踏み入れた熱帯雨林は、ボルネオ島にありました。私の師匠であった、当時、京都大学生態学研究センターの教授でハリナシバチなどの熱帯昆虫を研究されていた井上民二《たみじ》[1]先生が整備を進められた研究拠点です。

1　井上民二（1947-1997）

日本を代表する生態学者。京都大学大学院農学研究科博士課程中退。農学博士。元京都大学生態学研究センター教授。熱帯雨林研究の先駆けで、ボルネオ島の熱帯雨林の最上層に到達する大規模な林冠観測システムをつくり上げた。

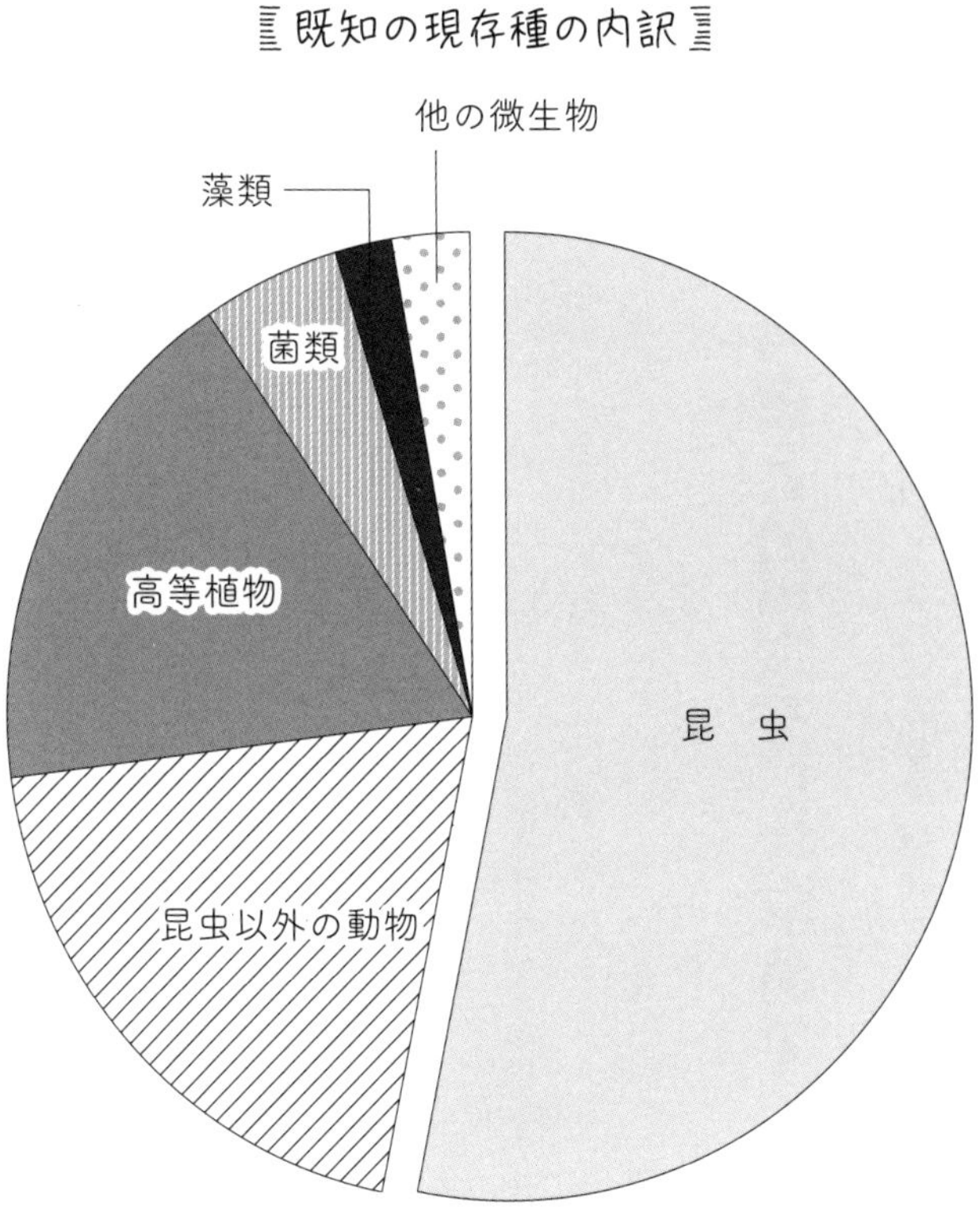
既知の現存種の内訳
他の微生物
藻類
菌類
高等植物
昆虫
昆虫以外の動物

既知の現存種（約160万種）の内訳、細菌・線虫・ウイルスなどは除く
（Wilson 1992を参考に改変）

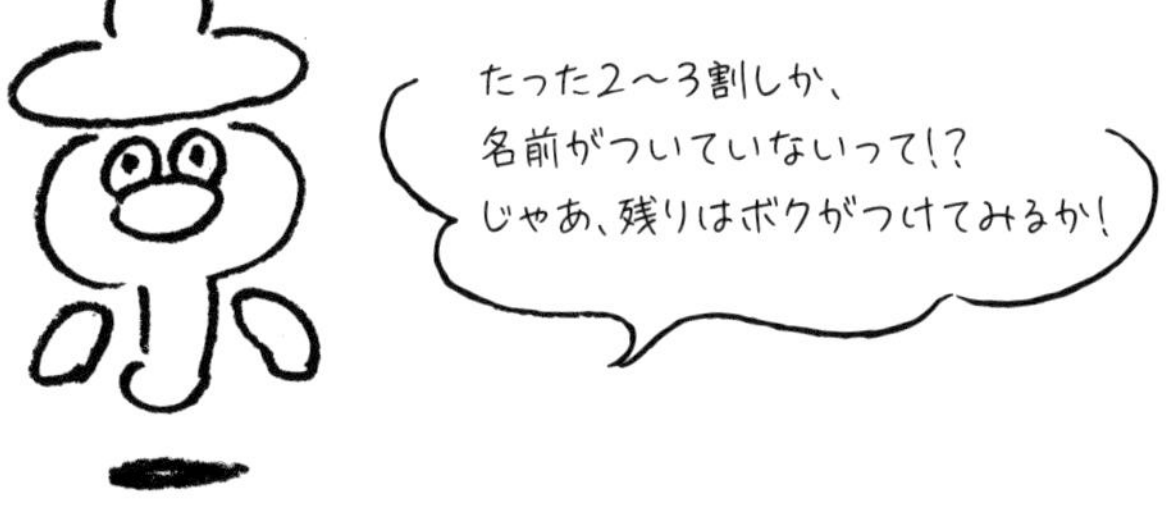
たった2〜3割しか、
名前がついていないって!?
じゃあ、残りはボクがつけてみるか!

その研究拠点、ボルネオ島のサラワク州にあるランビルヒルズ国立公園を一九九四年に初めて訪れました。それ以来、私は多くの同僚とともに、豊かな生物多様性を擁するこの地を何度も訪れ、そこに広がる熱帯雨林の「林冠《りんかん》」で昆虫の生態を調査（観測・採集）してきました。

木々の緑によってつくられた、地面をすっぽりと覆う大きな冠を林冠と呼びます。

ボルネオの熱帯雨林の林冠を形づくる木々は非常に高く（高いものでは八〇メートルにも達します）、林冠は地上から三〇メートルのところを中心に広がっています。あまりに高すぎる上に、何層にも重なった枝葉の茂みが視界を遮るため、林冠の下層から上に何があるのか、どうなっているのかを地上からは観測することができません。

熱帯雨林の林冠には、未知の世界が広がっています。

まだ見ぬ虫との出会いを求めて

林冠にある未知の世界を知るためには、まず林冠の上部にたどり着く必要があります。

ランビルヒルズ国立公園の森の中には、大きな木にはしごや階段をくくりつけた複数の

ランビルヒルズ国立公園に設置された林冠の最上層に到達するための観測システム。アルミ製のはしごや木製のテラスなどでつくられた観測塔、複数の観測塔や高木を結ぶつり橋からなる。つり橋は地上から20〜30mの高さに位置している。写真中央の大きな樹木はフタバガキ科サラノキ属の一種（筆者による撮影）

観測塔や大きな木を空中で行き来するためのつり橋（空中回廊）がつくられました。それらの施設により、林冠での生物の観測がとても楽になりました。

さらに、ビルを建てたり、港でコンテナを運んだりするときに使われるクレーンも、森の中に建てられました。このクレーンで、人が乗ったゴンドラをつり下げて、林冠の上まで持っていき、そこで網を振ります。

網を振るのは、もちろん、虫を捕るためです。巨大クレーンの力を借りて林冠の上まで行き、狙いを定めずに樹木の茂みの中で網を振ると、さまざまな虫が捕れます。

そこで採集された虫には、木を見上げているだけでは出会えなかった種類や、まだ名前のついていないものが多く含まれています。

木を切り倒してしまえば、林冠の上に暮らす虫たちも一緒になって落ちてきます。しかし、それではその木でどのような虫が、どのような暮らしをしているのか、樹木のどの部分をどのように利用しているのかを、自然な状態で継続して観察することができません。

私は同僚とともに、ランビルヒルズ国立公園に設置した林冠観測システムを使って、林冠上部での虫の観測・採集を二〇年以上にわたって続けてきました。

次ページの上の写真を見てください。

木の枝にキャベツのような丸い形をした植物が生えています。ビカクシダの一種です。

（写真・上）地上から約50mの高さにあるリュウノウジュ属の一種の枝に着生するビカクシダの一種。（写真・下）ビカクシダのキャベツ型の根元部分を割った断面。粘土状の固形物が詰まっており、無数の隙間が見える。隙間には、共生するシリアゲアリの一種が営巣している（ランビルヒルズ国立公園にて、それぞれ田中洋氏と筆者による撮影）

木の上、高さ五〇メートルくらいのところに生息しているため、高い木に登らなくては出会えない植物です。登るために事前にロープをかけておくなど、下準備だけで少なくとも三日はかかります。私は腕に覚えがないので、木登りの得意な人に登ってもらい、ビカクシダに近づいて調査することができました。

外からはキャベツのように見えるビカクシダを割ってみると、前ページの下の写真のように、その中には隙間だらけの粘土のような物質が詰まっていて、その隙間にはたくさんのアリが住んでいました。

それから、次ページに示した写真は、ランビルヒルズ国立公園で採集されたムラサキシジミの仲間のチョウです。ここに示したのは、これまでに現地で確認されたチョウ全体のほんの一部ですが、おもしろいのは、ものすごく系統的に近い、一見同じように見える多数の近縁種が共存していることです。これらのチョウに限らず、さまざまな虫の仲間がしばしば似たような傾向を示します。

ほとんどのチョウは昼間に飛びますが、昼間よりも夜間に活発に飛翔する昆虫がたくさんいます。これらの昆虫が光に集まる習性を利用することで、効率よく多様な昆虫を採集することができます。

一晩、UVライトを森の中でつけっぱなしにしておけば、何千、何万という昆虫が自然

ランビルヒルズ国立公園で採集された多様なムラサキシジミ属の一部。同地では、これまでに33種以上のムラサキシジミ属が確認されている（大久保忠浩氏による撮影）

と集まってきます。それを捕まえて、仕分けして、すべての虫たちに針を刺して標本にする。これだけで、数人の人手で一週間働かなければならないほどの数になります。

数百、数千もの虫たちの素性を調べるのは気の遠くなる作業ですが、大量の標本の中には、いまだに名前のわかっていない昆虫もたくさん含まれています。

こうして集めて、標本をつくっておけば、たとえ私たちの世代ですべてを調べ尽くすことができなくとも、次の世代、また次の世代と、世代を超えて研究者たちがその多様性の全貌の解明を続けていってくれるはずです。

アリはどのカテゴリーにも入らない、特殊な昆虫!?

さて、熱帯雨林にさまざまな虫たちが数多く生息していることを、おわかりいただけたかと思いますが、木々の茂みで網を振るだけで、数々の虫に出会えます。**その中でも飛び抜けて多い虫がアリです。**

数が多いというだけでなく、アリはとても研究しやすい対象です。昆虫の多くは、あちこち動き回りますし、飛べる虫も少なくありませんから、一定の場所にとどまってくれません。その生態を解明しようと追いかける側としては、非常に困ってしまいます。

その点、アリは安心です。アリは巣をつくるからです。巣を見つければ、だいたい周辺にお目当てのアリがいます。同じ場所で観察を続けられるので、研究がしやすいのです。ときには、家に列をなして侵入してくることもあるほど、アリはとても身近な虫ですが、アリほどおもしろい生き物はそうはいません。

次ページに示した、ボルネオ島で採集された節足動物の円グラフを見てください。

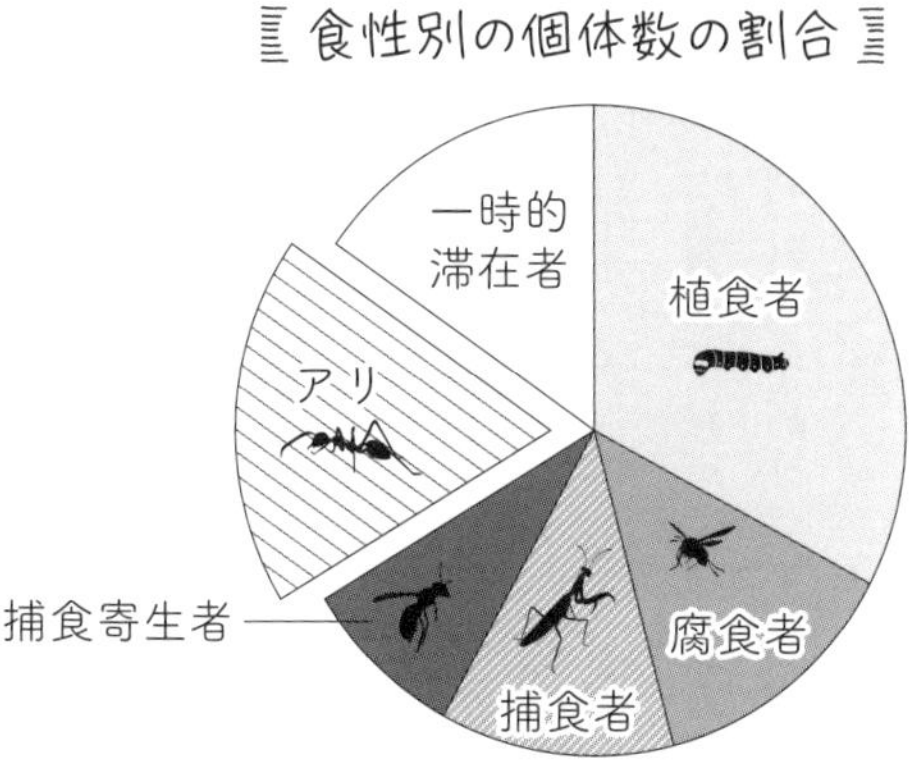

ボルネオの熱帯雨林において殺虫剤の燻蒸によって採集されたすべての節足動物における食性（何を食べているかによる区分）別の個体数の割合（Stork 1987、1988に基づいて図を改変）

植物を食べるイモムシなどは「植食者」に、腐ったものを食べるハエなどは「腐食者」に、カマキリなどの虫を捕まえて食べるものは「捕食者」に分類されます。「捕食寄生者」とは、イモムシなど他のものに卵を産みつけ、体を食い破って出てくるハチやハエなどの虫のことを指します。「一時的滞在者」は、たまたま飛んでくるなどしてそこにいたと推定されるものです。

このように、この円グラフは、さまざまな虫を「何を食べているかという食性」に着目して分類したときの割合を示しています。

しかし、アリはあくまで「アリ」。どのカテゴリーにもあてはまらない、ちょっと特殊な存在です。アリはいろいろな食べ物を食べるという特殊な性質を持っているからです。

アリは役割に基づき分業し、情報交換もする

アリの種類は世界に一万種以上いるのではないかといわれています。

日本でも、公園などに行って、しゃがんで地面を観察すれば、アリたちがうろうろしていますよね。小さいアリやら大きいアリやら、すぐに見つかるはずです。日本には二八〇種以上のアリが生息しているといわれています。

アリは巣をつくり、巣を共有する集団（コロニー）の中で社会生活を営みます。単に群れているだけではなく、彼らは分業しています。それぞれのアリが役割を持ち、一つの巣の中で、組織的に動いています。

組織的に動くためには、情報を伝えることが欠かせません。アリは人間のように言葉を話しませんが、違う形で情報伝達をしています。用いるのは、化学物質。フェロモンや体表炭化水素[2]を利用して、仲間に情報を伝えています。

いろいろなものを食べることも、アリの特徴です。

植物を食べるアリもいれば、肉を食べるアリ、またそのどちらも食べるアリもいて、非常に多様です。

2　体表炭化水素

昆虫の体表面を薄く覆うワックス状の不揮発性物質で、水分の蒸発を防ぐ働きがある。複数の炭化水素化合物で構成されており、昆虫の種間でその成分比は異なる。アリの場合、たとえ同種内であっても、異なる集団（コロニー）の間では成分比が微妙に異なっている。そのため、アリの個体はその違いを感知して、他のアリ個体が自分と同じ集団に属しているか、そうでないかを識別している。

だから、おもしろい。

このおもしろさに、たくさんの昆虫学者が魅了されています。

イソップ童話『アリとキリギリス』には勤勉な働き者として登場するアリですが、多くの人も同じような印象をアリに持たれていることでしょう。たしかに、いつ見ても動き回っていますし、ときには何かを運んだりしている様子も見受けられます。

「働き者のアリ」がいるのは間違いありません。

アリは他の生物と多様な共生系をつくっている

一般にはあまり知られていませんが、**アリはとても縄張り意識の強い虫です。**自分たちの餌を確保するために、縄張りをしっかり固めます。その縄張りの中で分業して、集団生活を維持しています。

餌を確保するために縄張りを守る。この習性をアリが持つことによって、熱帯雨林の生態系において一つの役割を担うことになっている点もおもしろいところです。

熱帯に生きるいくつかの生き物にとって、アリは最高の「用心棒」です。

縄張り意識が強いアリは、自分たちの縄張りに侵入してきた者に対して、激しく攻撃します。もちろん、餌を得るための場所を守るためです。

餌といってもいろいろで、アリの種によっても、同じ種でもコロニーによっても変わってきます。

たとえば、アブラムシが分泌する甘い蜜をアリが好んで餌にする場合がしばしばあります。アブラムシはアリに餌を与えてくれる非常にありがたい存在であり、多数のアブラムシが生息する場所はアリの重要な餌場です。

アリは、この大切な餌場を守るために、周囲に縄張りをつくって、侵入者を排除しようとします。たとえば、アブラムシが大好物のテントウムシなどの天敵が縄張り内に入ってくると、アブラムシを守ろうと、テントウムシを激しく攻撃して撃退してしまいます。

アブラムシにとっては、アリは心強い用心棒のような存在となります。

アリとその他の生物における、こうした共生関係が、熱帯ではたくさん見られます。

アリと共生関係を結ぶのは、昆虫だけではありません。アリが植物の用心棒になることもあります。

植物が花から蜜を出し、それを吸いに来たハチやチョウの体に花粉をつけることで他の

テントウムシから
アブラムシを守るなんて!
アリって、頼りになるわ〜

花に運んでもらうという関係は、みなさんもよくご存じでしょう。

でも、植物が蜜を出すのは、花からとは限りません。「花外蜜《かがいみつ》」といって、花とは違う場所、たとえば茎や葉から蜜を出し、そこにアリをおびき寄せる植物もいます。

蜜をなめにやってきたアリは、その周辺を自分たちの縄張りとして守ろうとしますから、植物の葉を食べようと侵入してきた虫を激しく攻撃し、撃退します。結果として、植物は守られることになります。

このような仕組みでアリの協力を得ようと、自分自身を大改造した植物もいます。

たとえば、茎に巨大な空洞をつくって、巣場所としてアリに提供する植物がいくつもあります。そこに巣をつくったアリは、当然巣を守ろうとします。巣にはアリの子どももいるので、巣場所である植物をコロニー全体で必死に守ろうとします。

つまり、巣をつくる場所をアリに提供して営巣してもらうことに成功した植物は、アリに守ってもらうことができます。このような植物を「アリ植物」と呼びます。

そのような植物の一つが、39ページの写真の「オオバギ」です。

日本の南西諸島にもオオバギの一種が生息していますが、温帯のオオバギには茎に空洞ができず、アリが茎の中に巣場所をつくることはありません。ところが熱帯雨林に分布するオオバギには、茎に空洞があり、そこに共生相手となる特別なアリが巣を設ける種類が二〇種以上知られています。

葉の表面に見られる、オオバギがつくる白い粒は「食物体」と呼ばれ、共生するアリの主要な餌となるものです。土地つき飯つきの好条件で、アリという用心棒を雇い入れようと、熱帯雨林のオオバギは茎の構造を大きく変形させてしまいました。このように進化したオオバギは、アリがいなければ生きていけません。

一般に、芽吹いてからの時間が短い若い葉は柔らかく、成熟して堅くなった葉に比べて葉を食べようとする虫の攻撃に無防備です。ですから、写真のように食物体は主に展開過程にある若い葉から提供されます。食物体を収穫しにやってきた多数のアリがそこを守ってくれますから、若い葉がイモムシなどに食べられることはめったにありません。

アリたちの巣への愛着はとても深く、生きるためにその愛着を利用しようとするオオバギは、芽生えてすぐに茎を大きくし、アリたちを呼び込みます。オオバギがアリに守られ順調に育っていくほどに、アリたちのコロニーも大所帯になっていき、いざというとき用心棒として飛び出してくるアリの数もどんどん増えて、安全性を増していきます。

試しに、わざとオオバギに傷をつけてみたところ、侵入者を排除すべく、多数のアリたちが巣の中から急いで飛び出してきました。

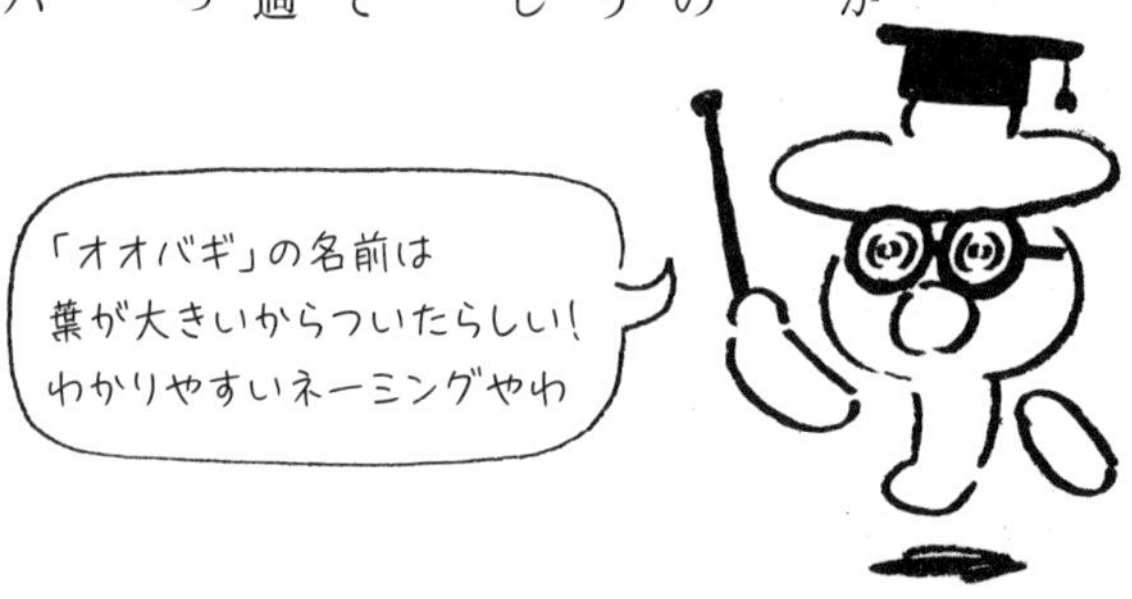
「オオバギ」の名前は
葉が大きいからついたらしい!
わかりやすいネーミングやわ

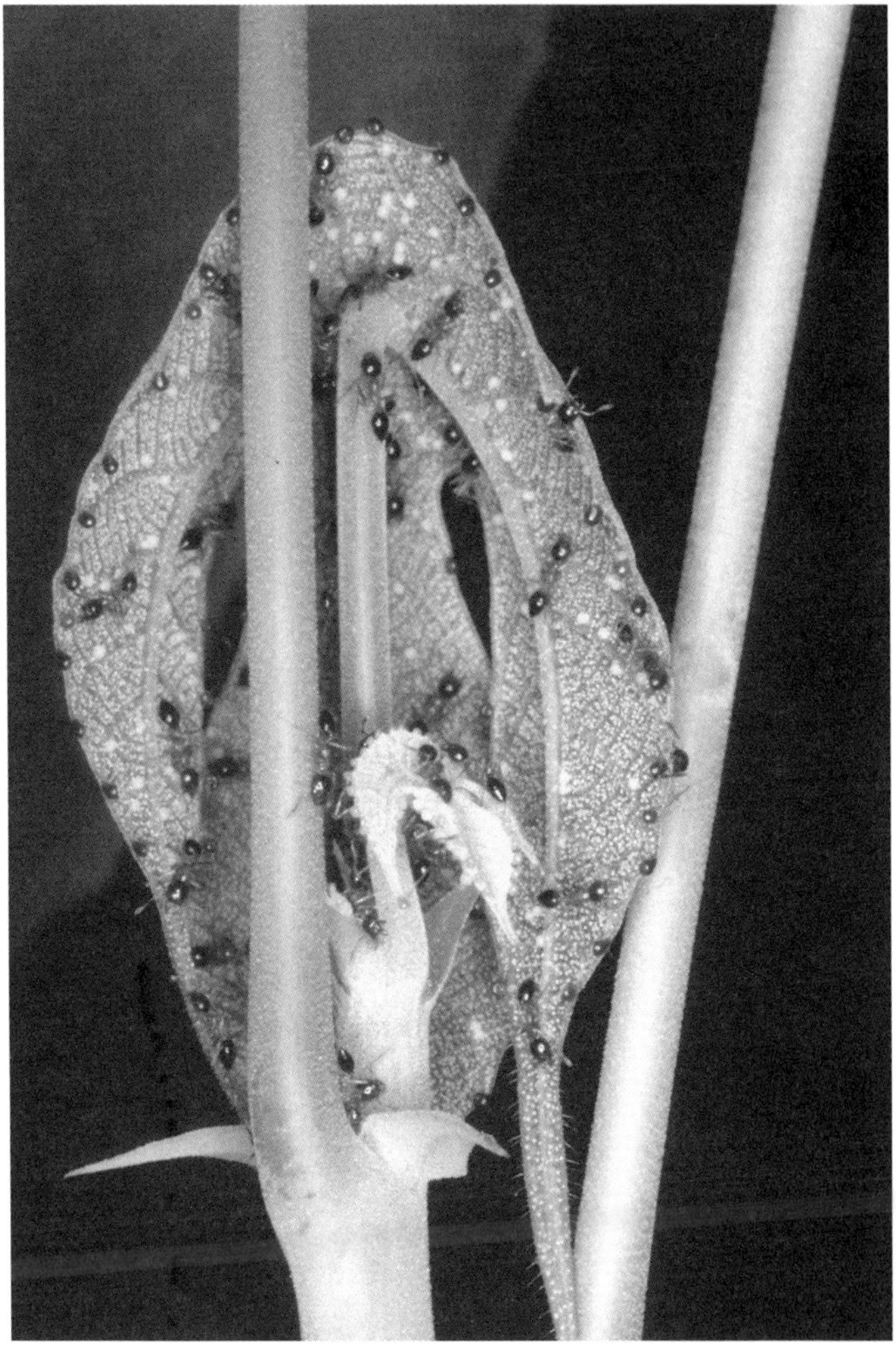

オオバギ属のアリ植物の一種*Macaranga beccariana*の茎の先端部にある展開したばかりの葉の裏につくられる食物体(白い粒)とそれを収穫しながら葉を防衛するシリアゲアリの一種。これらのアリはこの植物個体の茎の内側に形成される空洞部に巣を設けている(筆者による撮影)

また、実験的に殺虫剤を使ってオオバギと共生していたアリを弱らせてみたところ、すぐにさまざまなガの幼虫やコオロギといった葉を狙う虫たちが押し寄せてきて、オオバギの葉や茎はボロボロにされてしまいました。

このようにアリ植物に進化した植物は、アリたちに餌や巣場所といったさまざまな利益を与えることでわが身を守っています。

アリが構築する共生系の例①
着生シダとシリアゲアリ

熱帯雨林には、地中ではなく木の上に根を張る「着生植物」が多く存在しています。着生植物の多くが、地中に根を張る植物と同様、生存・成長するために光合成をしています。

光合成には光が必要です。

普通、木の上には十分な日光が降り注いでいますが、着生植物が根を下ろしている木にツル植物が伸びてきて、その着生植物に当たる日光を遮るようになると、着生植物は光合成が十分にできなくなって、やがては枯れてしまいます。着生植物にとって、ツル植物は日光を巡る競争において強力なライバルとなります。

3　実生《みしょう》
挿し木などによらず、種子から発芽し、生育した植物個体。

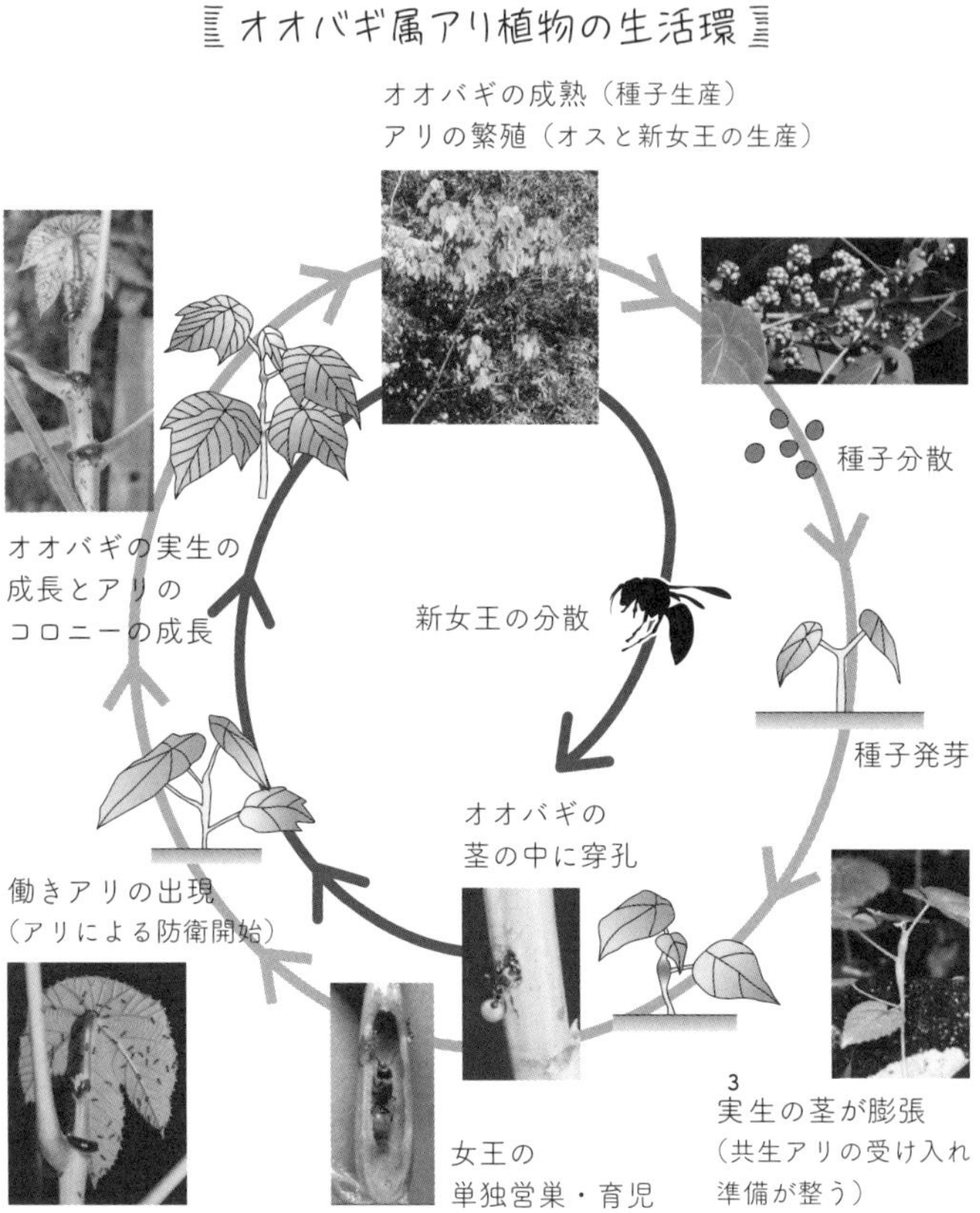
オオバギ属アリ植物の生活環
オオバギの成熟（種子生産）
アリの繁殖（オスと新女王の生産）
種子分散
新女王の分散
種子発芽
オオバギの実生の
成長とアリの
コロニーの成長
オオバギの
茎の中に穿孔
働きアリの出現
（アリによる防衛開始）
3
実生の茎が膨張
（共生アリの受け入れ
準備が整う）
女王の
単独営巣・育児

オオバギ属のアリ植物の多くの種類に営巣（共生）するシリアゲアリの生活環（大久保忠浩氏と筆者による図）

オオバギとシリアゲアリの共生関係は、膨らんで中空になった茎の中に、単独で飛来した新女王個体が穿孔し、茎内部に営巣することで始まる。

働きアリが植物表面に現れ、餌となる食物体を葉や托葉の表面から収穫するとともに、植食性昆虫などによる食害から営巣中の植物を防衛することで、両者の結びつきはより強くなる。

成熟したアリコロニーからは新女王やオスアリが巣立ち、成熟した植物は繁殖を開始するが、アリの繁殖と植物の繁殖、および種子分散と新女王の分散は同調していないようである。

このようなツル植物との競争に直面し、アリの力を借りる着生植物が何種類も進化しています。

一方、土壌が乏しい樹上では、アリは適当な巣場所をなかなか見つけられません。オオバギのように茎や葉を変形させてつくった空洞は、樹上のアリにとって絶好の巣場所となります。

着生植物が提供する空洞部に巣をかまえたアリは、しばしば着生植物のライバルであるツルをかみ切って排除してくれます。

ボルオネ島の調査地では、高木に着生するビカクシダの一種とそれに営巣するシリアゲアリの共生関係を研究してきました。そのシダに、人為的にツルを絡めてみると、そのツルは三日もたたないうちにかみ切られてボロボロにされてしまいます。

しかし、ツルを排除するシリアゲアリが、どのようにしてそのツルを着生植物の敵と認識しているのかは、まだよくわかっていません。

アリが構築する共生系の例②カイガラムシとアリ

アリとアブラムシの共生は先にもお話ししましたが、アリはカイガラムシとの間にも同じような関係をしばしば築きます。

その中には、用心棒というより「牛飼い」といったほうがぴったりの関係をつくり上げたアリがいます。「移牧アリ」と呼ばれるアリの一種は、牛を飼うようにカイガラムシを飼っています。


この共生関係では、アリはカイガラムシの出す蜜と、おそらく一部のカイガラムシ本体以外のものは、一切食べないようです。

飼われているカイガラムシも、アリなしでは生きていけなくなっています。アリに運んでもらわなければ、どこにも移動することができません。牛飼いが、牛の餌となる草があるところまで連れて行くのと同じように、アリに飼われているカイガラムシは、自分で餌を探すことをせず、アリ任せにしています。

このように、アリはさまざまな生き物たちと、密接な関係を結びながら生きています。

二種の生物が絶えず接して生活する、そのような密接な関係のことをしばしば「共生」と呼んでいますが、**アリは善意で共生関係を維持しているわけではありません。**あくまで、**自分たちが生きていくために都合がいいから、共生という方法を選んでいる**だけです。

他の生物の行動と同じく、アリの行動は、常に自らの生存と繁殖を少しでも向上させるよう進化してきたと考えられています。

アリをだまそうと画策する虫たち

さて、まさに向かうところ敵なしにも思えるアリの共生関係ですが、熱帯には、その共生関係を脅かす生物もたくさん生息しています。

たとえば、アリ植物を守ろうとして構築された共生アリによる防衛の網をかいくぐり、どうにかして柔らかくおいしい葉を食べてやろうと画策する、植食性昆虫（主に植物を餌とする昆虫）たちがいます。

植食性昆虫が、アリをだますために使う常套《じょうとう》手段の一つは、アリが好む蜜をアリに提供することです。アリに餌を与えることで、アリの攻撃性をなだめます。攻撃性をなだめることに成功した植食性昆虫は、共生アリが守るべき縄張り内に侵入し、標的とするアリ植物や花外蜜を出す植物を食べてしまいます。

多くの植物は自身を守るために、葉に毒を持たせて植食性昆虫に敬遠されるようにしていますが、アリ植物では、防衛面を共生するアリに任せきっているため、このような毒による防衛が弱くなっています。したがって、植食性昆虫にとって、アリ植物は、アリさえだましてその攻撃を回避することができれば、毒のない「おいしい」餌になります。

いくつかの種類のシジミチョウの幼虫はアリに蜜などを提供することでアリを手なづけます。餌を与えてくれるシジミチョウの幼虫をアリは守りますが、その間にシジミチョウの幼虫は本来アリが守るはずの植物をゆっくり食べます。

その他にも、アリ同士がコミュニケーションで用いる匂いを使ってだましたり、逆に匂いそのものを消すことで、アリに気づかれることなく葉を食べたり、食物体などの餌を盗み取ったりする虫もいます。熱帯には、アリに負けず劣らず、他種とサービスを交換する虫もいれば、他種をだましてその隙を突こうとする虫もいるのです。

だまして、だまされて……
昆虫の世界も、気が抜けない!!

高度に組織化された、アリ社会の「掟」とは？

さて、アリと他の生き物たちとの関係を見てきましたが、次はアリの巣の中に展開している、アリたちの社会について見ていきましょう。

突然ですが、「ハキリアリ」をご存じですか？

読んで字のごとく、彼らは葉を切って、その切った葉を担いで、よたよたと巣まで運びます。自分の体より数倍大きな葉を担ぎ、行列をつくってそれを運んでいく様は圧巻です。アリにとって、葉を運ぶのは重労働です。しかし仕事はそれだけにとどまらず、ハキリアリたちは、葉を運ぶ前に、運ぶための道を先につくっておきます。行く手を遮る植物や落ち葉などを取り除き、土や石を動かして平坦にならして、巣と葉を刈り取る植物の間の道を整備してから、収穫した葉を運び始めます。

ハキリアリの巣は巨大です。ときには、深さは二メートルを、広さは一〇平方メートルを超えることがあります。

切って運ばれてきた葉は、そのまま餌としてアリに食べられるわけではありません。アリは、この葉にキノコを植えつけて栽培し、育ったキノコを餌としています。

ハキリアリの一種が芝生の面につくった通り道。この道の上に行列をつくって、切り取った葉を巣に持ち帰る（コスタリカにて、筆者による撮影）

ハキリアリがこなさなければならない仕事は、たくさんあります。道をつくり、葉を切り、葉を運び、キノコの世話をし、子どもを育て、巣を守らなくてはいけません。これらのさまざまな仕事を、ハキリアリは分業して、自分たちの社会を維持しています。巣や行列を侵入者から守る兵隊アリは巨大なアゴを発達させるなど、効率よく分業するために体の形もさまざまに変化しています。

アリの世界において、分業制は何も特別なことではありません。明確な分業制が認められない場合でも、組織化された行動をとるのが一般的です。**アリはとても高度な社会を形成して生きています。**人間とは違うタイプの社会ではありますが、社会性があるのは間違いありません。

アリの社会は、専門的には**「真社会性」**と呼ばれます。真社会性とは、

・二世代以上の親子が同居する
・複数の血縁者が共同で育児をする
・繁殖を分業する（不妊ワーカーの出現）

という高度な「利他性」を発達させた群れの性質を意味します。

ミツバチ、アリ、シロアリなどは、真社会性を進化させた「社会性昆虫」に位置づけられています。二世代以上が同居し、複数の個体が共同で子どもを育児すれば、次第にコロニーは大きくなっていきます。コロニー内の個体は分業しているため、コロニーの中に組織化された社会が発達しているように見えます。

余談ですが、シロアリは、ゴキブリの仲間から枝分かれした一グループです。すべての種が社会性を持つことから「社会性ゴキブリ」ということができます。「アリ」とつく名前でありながら、実際はゴキブリの仲間ですので、混同しないでください。

ここで、「社会性」という概念がどのようなものなのかという点について、触れておき

たいと思います。

高度な社会性というのは、高度に発達した「利他性」であると言い換えることができます。利他性とは、自分は損をしても、他の個体を助ける性質のことをいいます。

ただし、ここでいう損とは、生物の生存競争においての損です。金勘定とは違います。生物にとっての損得とは、**「自分の遺伝子・遺伝情報を、どれほど多く次世代に残すことができるか」**という点での損得を意味します。

「働きアリ」は全員、○○だった！

アリの巣の中には、いったいどんな社会があるのでしょうか。

みなさんも、アリ社会には「女王アリ」や「働きアリ」が存在することは、よくご存じだと思います。巣の中には卵を産む女王アリがいて、女王アリ以外のアリは働きアリとして、巣へ足しげく餌を運んでいる……。そういう印象を漠然と持たれていると思います。

ちなみに、「働きアリ」とはアリの種類のことではなく、アリのコロニーの中で特定の機能・役割を持った個体を指すものです。働きアリの中にも〝働かないアリ〟はいるのですが、その話はあとに回すとして、巣に君臨して働きアリを支配する者として認識されがちなのが女王アリです。

たしかに、女王アリが外に出て餌を集めることはめったにありませんが、女王アリもしっかりと働いています。次から次へと卵を産むという「働き」です。

女王アリとは、アリ社会において「繁殖」の役割を担っているアリです。 アリ社会では、卵を産むことも分業された一つの「役割」であり、メスであってもその役割になければ卵を産みません。

働きアリと呼ばれるアリたちは、実はすべてメスです。基本的には不妊となっているメスアリのことを働きアリと呼んでいるといってもよいでしょう。子孫を残す仕事は巣にいる女王アリに任せて、彼女たち働きアリは、卵の世話をしたり、育児をしたり、掃除をしたり、外へ出かけて餌を見つけてきたりと、別の役割をこなします。

一方、**オスのアリはふだんはほとんど見かけません。** 繁殖期になり、女王アリが卵を産むために精子を必要としたときに、コロニーはオスを育て始めます。

同じメスでも、その役割が
徹底的に分けられている!

アリのオスには、父親がいない!?

多くの生物では、オス（父）とメス（母）の間に子が生まれ、子の中にオス（息子）とメス（娘）の両方が含まれます。

ところが、アリやハチの仲間は、ちょっと事情が違います。

アリやハチは、父と母がそろっているとき、ほぼ必ず「メス」が生まれます。 つまり、**受精卵は必ずメスになります。**

そして、受精しなかった**未受精卵は、必ず「オス」になります。** アリやハチは、母だけでオスを産むことができます。アリやハチのオスに、父親はいません。ごくわずか例外もありますが、基本的には、アリやハチは受精の有無によって、卵の性別が分かれます。

アリやハチには、この仕組みを利用し、状況に応じて、オスとメスの産み分けをしている種類が多数知られています。**産卵時に、精子を卵にかければメスを、物理的に精子が卵にかからないようにすればオスを産むことができる**というわけです。

昆虫というのはたいてい、一回の交尾でメスはオスからたくさんの精子をもらい、それを体の中にため込んでおきます。そこから精子を少しずつ使って卵を産んでいきます。ほとんどの昆虫は、卵を産むとき自動的に精子がかかる体の仕組みになっていますし、精子の有無で卵の性別が決まることはありません。

一方、アリやハチには、メスを産みたいときには、精子をためている袋状の器官（貯精《ちょせい》嚢《のう》）の入り口を開けて卵に精子がかかるようにし、オスを産みたいときにはその入り口を閉めて、かからないようにすることができる種がたくさん知られています。

多くのアリ種においても、繁殖期の到来に合わせて、未受精のまま成虫になるオスアリが育てられます。

母vs娘の仁義なき戦い

一般的に人や動物、昆虫の子どもは、父と母の遺伝子を半分ずつ受け継いでいます。親から見て遺伝情報がどれくらい同じかというと、子はみな平等の価値を持っているといえます。

また、**同じ父母から生まれた子どもは、みな同じように両親の遺伝子を半分ずつ受け継**

いでいますから、兄弟姉妹は互いに同じ程度に遺伝情報が似ています。

親から見ると、子どもの遺伝情報は半分だけ自分と同じです。これは兄弟間でも同じで、兄弟同士もまた「半分だけ自分と同じ、兄から見て、弟は半分同じ」ということになります。

ところが、先にお話ししたとおり、オスとメスの間で遺伝情報の伝わり方が異なるアリやハチになると、この点が少し異なります。

父（オス）から娘（メス）には、父とまったく同じ遺伝情報がそのまま伝わります。父自身には父がおらず、母（女王アリ）から受け継いだ遺伝情報しか持っていません。これを次世代に受け渡すとき、**オスは遺伝情報を半分にはせず、まるごとそのまま子どもに受け継がせます。**その結果、娘の遺伝情報の半分は父とまるごと同じになります。

残りの半分の遺伝情報は、母から受け継ぎます。この点は、娘（メス）でも息子（オス）でも同じですから、**女王アリから見れば、自分の持つ遺伝情報の半分を持つ娘と息子は、同じだけの遺伝的な価値を持っています。**

しかし、アリやハチと普通のオスとメスがいる動物とは大きく異なるのが、兄弟姉妹の間の関係です。

父が同じである場合、娘たち同士、つまり姉（働きアリ）と妹（新女王アリ）の間では、遺伝情報の共有率が高くなります。先に述べたように、娘たちが父から受け継ぐ遺伝情報はまったく同じであるため、**姉妹は遺伝情報の四分の三を共有する**ことになります。

姉に当たる働きアリからすれば、仮に自分が女王アリとなって卵を産んだとしても、その子は自分と半分しか似ていません。つまり、**姉アリにとって、（もしオスから精子をもらい受けて産むことができた場合の）自分の子よりも妹のほうが、次の遺伝子を託す担い手としては価値が高い**のです。

一方、姉と弟は、両者が母から受け継いだ遺伝情報のうちおよそ半分だけしか共有しておらず、弟は父から遺伝情報を受け継いでいないので、**弟（オスアリ）は姉（働きアリ）が持つ遺伝情報の四分の一だけしか持っていない**ことになります。

つまり、**姉である働きアリから見た場合、遺伝情報を次世代に伝える担い手としては、妹であるメスの繁殖個体（新女王アリ）のほうが弟であるオスアリよりも三倍価値が高い**ことになります。

この姉妹と弟の関係が、アリ社会における葛藤の火種となります。

現女王アリである母にとって、娘も息子も遺伝情報を次世代に伝える担い手としての価値は同じです。しかし、娘たちにとっては弟の価値は妹の価値の三分の一になります。こ

お姉さんアリにとって、
価値があるのは妹アリ。
弟アリが邪魔者なんて、
なんとあわれな……

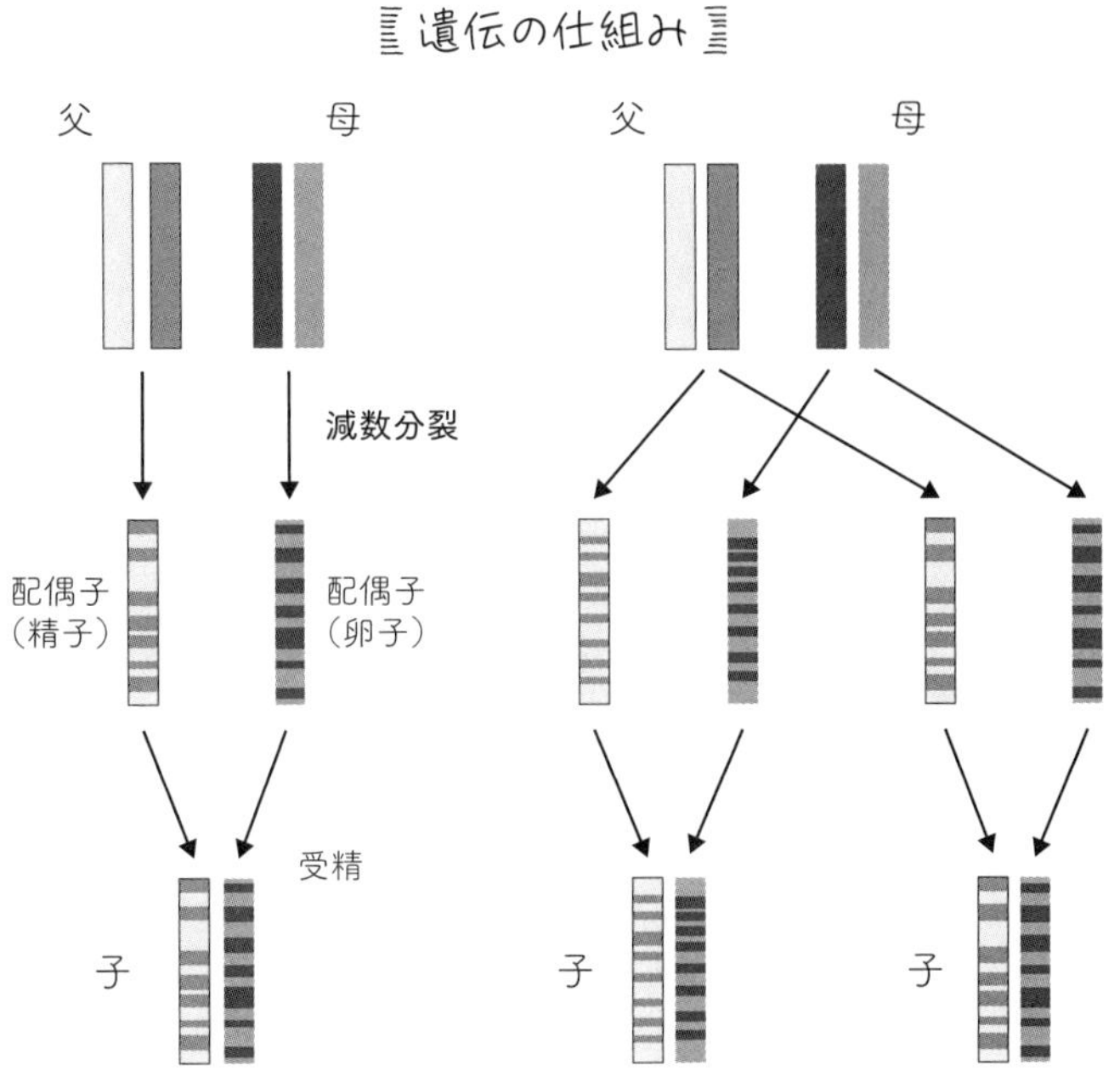

有性生殖をする生物における兄弟姉妹間の遺伝情報の類似度を示す模式図

図の短冊は両親のそれぞれから受け継いだ遺伝情報の集まり（染色体上のすべての遺伝子）を表わしている（短冊の位置の違いは遺伝子の違いを表わす）。実際には何本かの染色体に分かれて遺伝情報が保持されている。

成熟した1個体は、体をつくり、機能させるために必要なたくさんの情報（たくさんの遺伝子）のそれぞれについて２つずつ（父母のそれぞれから１つずつを受け継ぐ）保持しているが、繁殖時に減数分裂によって、そのうちの一方だけを配偶子に乗せて次世代（子）に伝える（図の左側）。

２つのうちどちらを伝えるかは、配偶子をつくるごとにほぼ偶然に決まっていくので、父母が同じである２人の子の間では、由来を同じくする遺伝情報を持つ確率は半分となる（図の右側）。

こに母（女王アリ）と娘（働きアリ）の厳しい争いが勃発します。さて、この争いに勝利するのは母なのか、それとも娘なのか……。

トリバースとヘアという研究者が、いくつかのアリの種類で、巣から巣立っていく羽アリのオスとメスの比率を調べた研究があります。彼らの結果では、オスの羽アリと新女王アリの羽アリの数は約一対三になっていました。この結果は、**次世代の繁殖個体のオスとメスの比を決めているのは、女王アリ（母）ではなく働きアリ（娘）である**ことを示しています。

巣を支配するという印象を与える「女王」という言葉とは裏腹に、女王アリが必ずしもアリのコロニーを支配しているわけではない、といえそうです。

働きアリは「抜け駆け産卵」がお好き？

いかに効率よく、自分の遺伝子（遺伝情報）を次世代に残せるか。

他のすべての生物と同様に、それはアリの進化の方向を決める重要な要因です。母と娘の仁義なき戦いが繰り広げられる理由もそこにあります。

4　ウィリアム・ドナルド・ハミルトン（1936-2000）
進化生物学者。動物の利他行動がなぜ起きるのかというダーウィン以来の難問を、「包括適応度」という概念を提唱して解決し、生物科学に大きな影響を与えた。また、ハチのように偏った性比を説明する局所的配偶競争のモデルも編み出した。

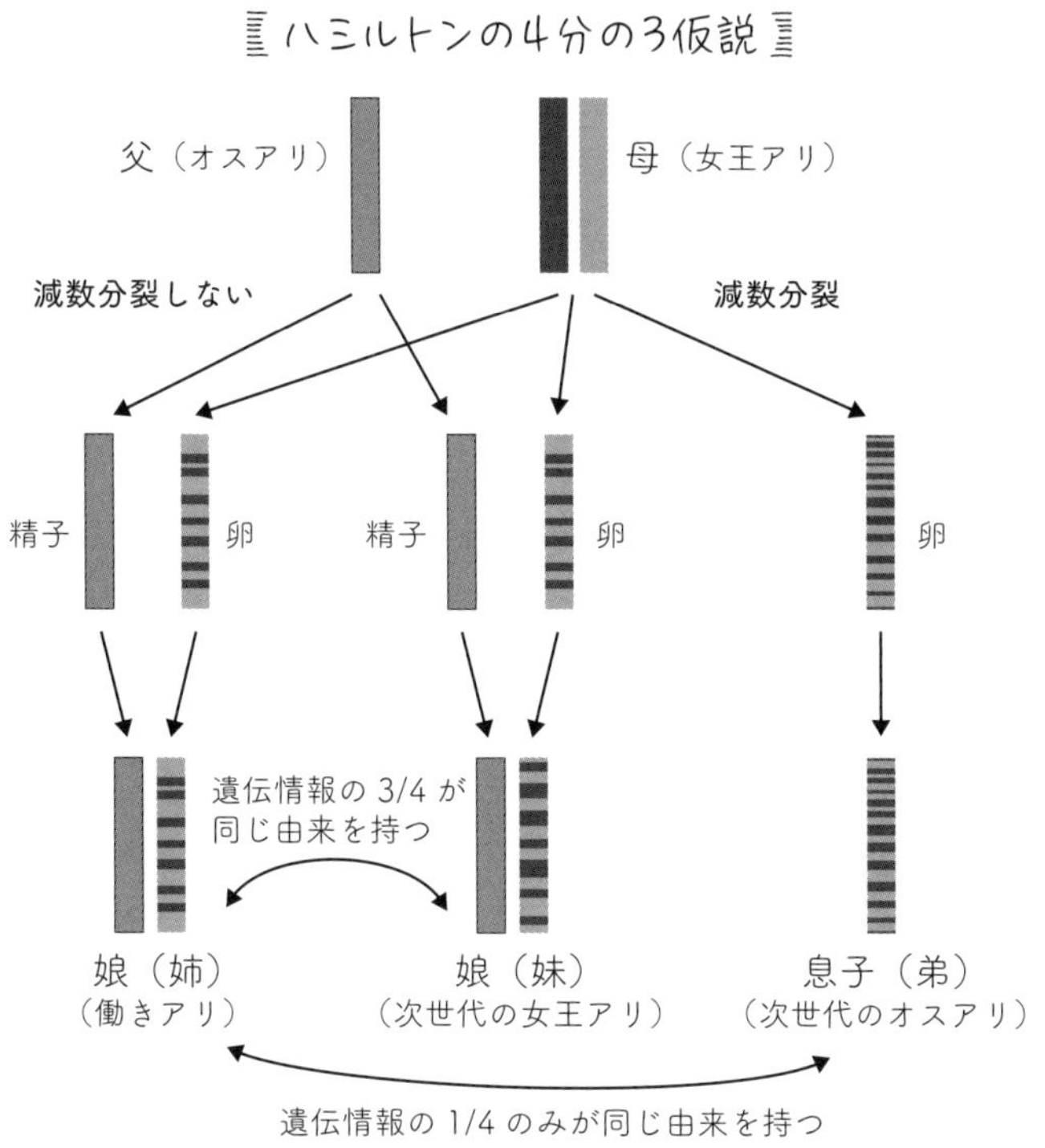

アリやハチ類における性別決定様式を踏まえた遺伝情報の伝達様式の模式図

アリやハチ類では、未受精卵からオスが発生し、受精卵からはメスが発生するという性別決定様式を持つ。

そのため、父母を同じくする姉妹が同じ由来を持つ遺伝子を共有する確率は4分の3となり、このような性決定様式を持たない普通の動物における姉妹間の共有確率である2分の1（55ページの図）よりも、1.5倍高くなる。

このことが、アリやハチ類において、先に生まれたメスの個体が働きアリとなり（不妊化して）、それらの妹に利他行動を振り向けて次世代の繁殖を託すという、真社会性の進化を何度も促した背景にあるとしたのが、「[4]ハミルトンの4分の3仮説」と呼ばれる理論である。

この戦いは他の種でも起こります。働きアリの中には、**自分と四分の一しか似ていない弟を巣立たせるくらいなら、自分と半分似ている自分自身の息子を産んで巣立たせたほうがいいい**じゃないか——と、こっそり卵（未受精卵）を産もうとする働きアリのいることが知られています。未受精の卵からオスアリが生まれてくるのがアリやハチです。配偶行動を経験せず精子を持っていない働きアリも、オスアリに成長可能な無受精卵を産むことができます。

働きアリの一部の個体が抜け駆けして、自分の子（息子）ばかりを産み始めないように働きアリ同士が相互監視しているかもしれませんし、多くの働きアリがこぞって、女王アリが産んだ弟アリを排除して自分たちが産んだ息子を育てているかもしれません。オスとメスの比率だけでなく、誰がオスを産んでいるのかといった問題でも、アリの巣の中には厳しい対立があると考えられます。

先にも述べたように、アリの種類は膨大であり、また生息場所などさまざまな条件によって、アリの行動は変わります。このようなアリの複雑な社会に魅了され、現在も多くの研究者が、世界中のあちこちに生息するさまざまなアリを対象として、巣の中の社会生活に見られる個体間の利害対立の状況を詳細に研究しています。

最近の研究では、ＤＮＡ鑑定の技術を取り入れて、アリの巣の中の血縁関係を正確に判定することができるようになっています。こうした技術の進歩により、理論から導かれる予測と実際に起こっていることを照合することが可能になり、アリの巣の中ではさまざまな局面で、さまざまな特徴を持った仁義なき戦いが行われていることが、次々に明らかになりつつあります。

「働かないアリ」は、本当に何もしていない？

ところで、先に少しだけ「働かない働きアリもいる」というお話をしました。「働かない」ということをどのように定義するかということも簡単ではありませんが、一部のアリは「働いていないように見える」のは確かです。

たとえば、アリ植物の組織を人為的に傷つけたりすると、たくさんの働きアリが巣の中から一斉に飛び出して、傷口周辺に集まってきます。巣（＝植物）を守るために、侵入者を攻撃し排除するためです。

このとき、不測の事態にもかかわらず多数のアリたちが即座に巣から飛び出してこられるのは、何もしないで巣の中で待機していたからということができます。このアリたちは、「何かあったら飛び出すぞ！」と、巣に致命的な打撃を与えかねない手強い敵を排除するために必要な増員戦闘個体としての役割を担っているともいえます。

攻撃を受けなければ、何もしないまま静止しているだけです。他の仕事を担ったり、やみくもに動き回ったりしていると、いざというとき飛び出すのに手間取り、敵に後れをとるかもしれません。無駄に動き回っても、エネルギーを浪費するだけです。ですから、いざというときに備えるなら、平穏なときは何もせず、ただじっとしているのが一番です。**平時には、何もせずにサボっているかのように見える個体も、高度に分業の進んだアリの社会の安定にとって重要な役割を担っている**かもしれません。

分業がきっちりされているのは、ミツバチの社会も同じです。ハチは蜜を探してでためにに飛んでいるように見えるかもしれませんが、そうではありません。まずは偵察個体が飛んでいき、蜜源を探します。いい蜜源があったら巣に戻ってきて、「あそこにあるぞ」と他のハチたちに情報を伝えます。すると、その情報をもとに巣に待機していた多数のハチたちが、よい蜜源を目がけて一斉に飛んでいきます。こうして、多数のハチが無駄に飛ぶことなく、エネルギーの浪費を防ぎます。

アリもハチも、一見何もしていないように見えるときも、実はそれぞれの役割を果たし

「働かない」というのも、
立派な役割なんだ！
人間の社会だと
そうはいかないかも……

ているのです。コロニー全体の利益を考えてみると、すべてのアリが常に動き回っていることが必ずしも得にならないことが理解できるかと思います。おそらく集団全体を効率よく組織的に運営するうえで有利な方法として、巣の中のある割合の働きアリが「働かない」という習性を進化させてきたのでしょう。

ヒトの社会ではどうでしょう。ひょっとすると、一定の人数が「働かない」で待機することで、うまくやっている組織もあるかもしれません。

危険な仕事を担うのは、年老いた働きアリ

ここまで述べてきたように、アリの社会は、巧妙に統率されています。

敵からの攻撃に対処するときもそうです。むやみに攻撃せず、複数の個体が連携して敵に群がります。手強い相手には、巣で待機する同胞の働きアリを動員することもあります。生きた動物を餌とするときも、複数の個体が標的の動物への攻撃・解体・運搬・防衛を分担します。

縄張りの防衛や餌の探索・収集を行うために、アリは巣の外に出ます。そこでは、さま

ざまな動物と遭遇する危険にさらされ、命を落とすこともしばしばです。巣に戻れないアリの補充要員として別のアリが、また外へと派遣されます。

アリの種類にもよりますが、たいていのアリは生まれたばかりのころは、巣の中で育児をしたり、掃除をしたりする役割を担います。その後、**くたびれてきてそろそろ寿命が尽きるに違いないとなると、外へ出ていく**ようです。

年寄りは安全なところでどんとかまえ、若い人たちは厳しい戦いが待つ外へと送り出される人間社会とはずいぶん異なります。

ただし、人間の社会に他人を働かせて利益を詐取《さしゅ》するような人が少数紛れ込んでいるのと同様に、アリの社会にも、自分ではほとんど巣の外には出ず、危険を回避して、他の個体が運んできた餌を利用しようとする、本当に「働かない」個体が、ほんの少しですが観察されます。こっそり卵を産んでしまおうとするような働きアリがいるくらいですから、特に不思議ではありません。このような「働かない」アリ個体から、完全に働かなくなって、他のアリ種の巣に寄生する生活を送る特殊なアリ種も進化しています。

巣の中で内輪モメや内部抗争を繰り返しながら、日々役割をこなしつつ、アリたちは生きています。自然界のあちこちでイザコザを繰り広げているアリを見ていると、アリも私たち人間もそれほど違わないように思えてきます。

年老いたアリに
危険な仕事が振られるなんて！
切なすぎる……

アリの社会から人間が学べること

長年、アリのコロニーを見守っていると、ヒトもアリも同じようなことをしているように思えてきます。ですが、アリの社会から学んだことをヒトの社会に役立てようと思ったことはありません。

ただ、最近、**アリのコミュニケーションのとり方、コロニー内の情報伝達の仕方や行動のレパートリーを決める仕組みの中に、ヒト社会への応用のヒントを得ようとしている研究者が増えてきました。**

ヒトのように、メールやSNSでダイレクトに世界中とコミュニケーションをとるようなことは、アリには到底できません。コロニー内のコミュニケーションが得意なアリでも、コロニー全体が瞬時に同じ情報を共有できるように、伝達することは困難です。

それにもかかわらず、多くのアリでは、うまく組織化された行動を示します。

そこには、私たちヒトとはまったく違う行動レパートリー決定の仕組み、情報伝達の仕組み、集団行動を統制する仕組みがあるのでしょう。その仕組みがわかれば、私たちの社会が抱えるいくつかの課題に応用することができるかもしれないというもくろみです。

たとえば、災害など突然のトラブルが起きて、通信機能が軒並みダウンするような事態に陥ったとき、右往左往する集団をいかに統制すればいいのか。情報伝達の手段が断たれ遠方の人と意思疎通ができなくても、統率のとれた行動をとるにはどうすればいいのか。

近い将来、アリ社会の仕組みをヒントにしてつくられた組織的な行動を保つ新たな手段を開発することによって、不測の事態にも対応できる、災害時の備えが導き出せる可能性もあります。アリのメカニズムを組み込んだ、自己制御型のロボットが出現するかもしれません。

現在でも、アリの行動については未知の部分も多く、たくさんの研究者が研究を進めています。

アリは、まだまだ興味の尽きない奥深い研究対象なのです。

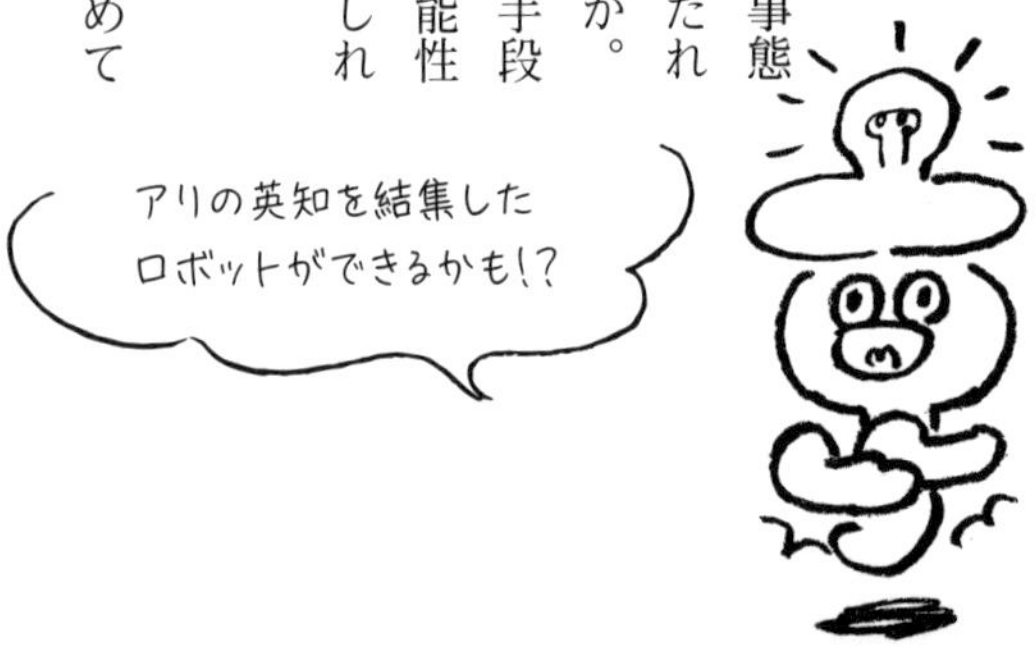
アリの英知を結集した
ロボットができるかも!?

KYOTO UNIVERSITY

市岡先生の新しい発想のヒント

◇すべての昆虫種のうち、名前がついているのは二〜三割！

◇アリの社会は高度な分業制をとっている

◇アリは、さまざまな植物や昆虫との共生が得意

◇働きアリは、なんと全員メスだった！

◇女王アリとその娘には、激しい利害対立が！

◇「働かないアリ」も大事な役割を担っている

講座を振り返って

越前屋

市岡先生のお話を聞いて「昆虫っておもしろそう」と思う半面、「さすがにそこまではのめり込めないなぁ」とも思いました。先生の昆虫に対する情熱は、どこから生まれるんですか？

市岡

僕は「研究で社会の役に立とう」という気持ちが、ほぼゼロなんです。では、どうして研究しているのかというと、単純に**「知りたい」という好奇心**があるから。昆虫の分野に限らず、研究者が何か新しい知見を発表しているのを見るとワクワクします。もちろん、よい研究成果は必ず社会の役に立つと信じていますが。

越前屋

職人やアーティストの中には「世の中に影響を与えよう」なんて考えずに、「ただ、いいものをつくりたい」「ただ、好きな歌を唄いたい」と言う人もいます。先生もそういうタイプかもしれません。そもそも先生は、子どものころから昆虫少年だったのですか？

市岡　近所の同級生と一緒に昆虫を集めていました。当時は、子どもに昆虫の捕り方を教えてくれる「おっさん」が結構いたんです。だから、同世代の同業者が、同じ地域に固まっています。でも、今はそうやって**子どもを導いてくれる大人も減りました**し、スマホやゲームの影響もあって、外で昆虫を捕る子は減ってしまったように思います。

越前屋　いつの時点で「昆虫の分野で食べていこう」と思われたんですか？

市岡　それもあまり深く考えていないんですよ。今よりも研究職に就くのが楽な時代だったので、「なんとか食べていけるだろう」と。その感覚は大学に入る前から今も、変わってないです。

越前屋　**「子どもの好奇心のまま大人になってしまった人」**みたいな感じですね。わかります。

市岡　僕もいまだに頭の中は、高一ぐらいの感覚です（笑）。
好きなことをしていたら、たまたま大学で働けるようになった。でも、たぶん大学から声がかからなかったら、試験勉強をして公務員を目指していたと思います。昆虫が好きな人には、公務員が多いんですよ。定時で帰れるし土日もちゃんと休める。あとは、車の運転も好きだから「トラックの運転手もええな」なんて思ってましたね。

越前屋　そうやって**「何をやっても楽しめる」**という感覚が素晴らしいと思います。

市岡　うちの院生でも、**将来について心配をしていない人は、だいたい研究がうまくいくん**です。逆に心配している人は、せっかくチャンスがあっても、うまくいくかどうかをいつも気にしているから、研究にハマれないんですよね。

越前屋　**何事も〝ハマる〟ためには、あんまり考えすぎるとダメ！**　ってことですね。

市岡　こんなこと言うと嫌われそうですけど、本当に僕は勉強が好きなんですよ。「なんでみんな勉強がおもしろくないんだろう」って、ずーっと不思議なんです、今も。

越前屋　みんな「興味がないことを無理矢理、覚えさせられるのが勉強」だと思っているからじゃないですか？

市岡　そうそう。僕は最初に買ってもらった昆虫図鑑にハマって、小学一年生のときには、ボロボロになるまで読み込んでました。別に親から「読みなさい」と言われたわけではないんです。

越前屋　今それを「やらせよう」としている親や先生が多いですけど、僕は**自分で「やりたくなるまで」放っておくのも教育だ**と思うんです。

市岡　ほんとそう。たしかに歌舞伎や音楽の世界みたいに、物心つく前から徹底的にやらせる英才教育は身になるとは思うんです。だけど「そんなん、せんでもええやん」「なんでみんな、無理にさせるんやろ」とも思うんです。

越前屋

やらされてる間は本当につまらない。

市岡

大切なのは、「夢中になること」「なんでもおもしろがること」。子どものころから夢中になれるものをたくさんつくっておくと、楽しく幸せに生きていけるように思います。

越前屋

なるほど！　そうやって夢中になって、なんでもおもしろがってさえいれば、みんな変人になれるということですね（笑）。

BOOK GUIDE

市岡先生のお薦めブックガイド

『蟻の自然誌』

バート・ヘルドブラー、エドワード・O・ウィルソン著

朝日新聞社

アリとは何でしょうか。アリはなぜ、かくも繁栄しているのでしょうか。驚くべきアリの能力と生態の全貌を解き明かした、アリ学入門の決定版です。

『利己的な遺伝子』

リチャード・ドーキンス著　紀伊國屋書店

生物の姿形と性質は、そもそも利己的である遺伝子に強く規定されているという、生物学の常識が理路整然と説明されています。

『熱帯雨林の生態学―生物多様性の世界を探る―』

井上民二著　八坂書房

圧倒的な多様性を誇る熱帯雨林で繰り広げられる、興味深い生物種間の相互作用を、気鋭の生態学者がボルネオ島で探求します。

科学哲学の教室

2

曖昧という真実

——割り切れないから見えてくる、グレーゾーンに潜む可能性

伊勢田哲治

文学研究科　准教授　科学哲学

大学1年目に受けた授業がきっかけで、哲学の道に進む。
「とりあえず疑ってみる」がモットー。

デカルトは「すべてを疑う」ことを徹底できなかった!?

「哲学とは何か?」

そう問われたときに出てくる答えは、おそらく人それぞれ違うでしょう。

私であれば、こう答えます。

「とりあえず、**普通の人が疑わないことも疑ってみよう**、みたいなことかな」

もっとも、この「哲学の定義」と矛盾する内容を指して「哲学」とおっしゃる方もいます。とりあえずここでは、私ながらの定義に沿って話を進めていきたいと思います。

要するに哲学とは、**「とりあえず疑ってみる」**ことです。

「とりあえず疑ってみる」というのは、たとえば「あの大企業は、また悪さをしてるんじゃないか?」とか、「このうまい投資話は詐欺じゃないか?」といった類いの、誰もが疑

う〝普通のこと〟を指すのではありません。たとえば、

「今、自分の目に見えているものは、本当にそこにあるのか？」

と疑います。

目の前に椅子があるとき、

「この椅子は本当にそこにあるのか？　それとも、椅子があるかのように、見せられているだけなのか？」

と疑うのです。

見えている椅子は錯覚かもしれないし、誰かにだまされて椅子だと信じ込まされているのかもしれません。本当はそこには何もないのに、映像を使って、椅子があるかのように見せられているのかもしれません。

机の上には、グラウンドホッグというリスの仲間のぬいぐるみが置いてある……ように見えますが、実はそこには何もないかもしれないし、はたまた、ぬいぐるみではなく生きた本物のグラウンドホッグがいるのかもしれません。

疑おうと思えば、疑えることはたくさんあります。ただ、私たちがふだんの生活を送る上で、疑う必要はありません。いちいち疑っていたら、キリがありません。いってしまえ

すべてを疑い始めると
たしかにキリがないね……

ばこれらは、「必要のない疑い」です。

それでも「とりあえず疑ってみる」……ということを始めたのは、一七世紀フランスの哲学者デカルト[1]でした。**デカルトはすべてを疑ってかかった**のです。

手に触れている紙、紙の感触、紙が立てる音。テーブルに置かれたリンゴ、そのリンゴを食べたときの食感や味、香り。たしかに感じてはいるけれど、紙そのもの、リンゴそのものは幻覚かもしれない、錯覚かもしれない。

そうやって疑ったのです。

デカルトの手にかかれば、簡単な足し算さえも疑いの対象になります。

「二+三=五。ほんまかいな」

というわけです。

人間は、計算間違いをします。間違いをする可能性がある以上、「二+三」といった片手で足りる計算だって間違うかもしれません。一万回計算して、答えは毎回「五」であっても、もしかしたら一万回間違っているかもしれない。一万一回目には違う答えが出て、そっちのほうが合っているかもしれない。

疑おうと思えば、いくらでも疑えます。

すべてを疑ったデカルトが、

1　ルネ・デカルト（1596-1650）

17世紀のフランスの哲学者。哲学・科学の世界に大きな影響を与えた。その主著『方法序説』はフランス語で初めて書かれた哲学書としても有名。一時期、オランダに渡ってオランダ軍に属していたこともある。当時のスウェーデン女王は、デカルトの熱心な支持者であった。

「この世界全体が、悪霊が見せている幻じゃないか」

とまで疑ったのは、とても有名な話。

この世界のすべては悪霊が見せている幻によってつくられ、ただ私たちはその中で夢を見ているだけにすぎないのじゃないか。悪魔のような存在が、私たちの頭を混乱に陥れ、「二＋三＝五」という間違った答えを、正しいと信じ込ませているだけではないか……。

ここまで来ると、絶対に正しいものなど、この世には存在しないように思えてきます。

そのようにして疑いに疑ったデカルトが、最終的に出した答えは、

「それでもやはり、自分の存在は疑えない」

というものでした。

私たちは考えます。いろいろなことを考えています。もしかしたら悪霊にだまされているかもしれない私たちですが、「だます」という行為が成立するには、当然「だまされる人」がいなければなりません。そこからデカルトは、

「たとえ悪霊にだまされているとしても、『**だまされている自分**』**は存在する**よね」

という結論に至ったわけです。

とりあえずすべてを疑ってみたあとで、最後にデカルトの中に残ったものは、

「われ思う、ゆえにわれあり」

でした。

かの名言はこうして誕生したのです。

このデカルトの言葉をもって**「近代哲学の始め」**とされます。「とりあえず疑ってみる」という視点に立つと、とにかく何でも疑えてしまいます。

何でも疑えるのですが、それを実践するのは意外と難しいのも事実です。

デカルトは当初、

「疑って疑って疑って、ひたすら疑ったあとに、絶対確実であると確信できたものだけ受け入れる」

という方針でした。

わかりやすく例えるなら、

「冷蔵庫の中の野菜は、腐っているのではないか？」

と疑ったのなら、とりあえずすべての野菜を冷蔵庫から取り出し、一つひとつを吟味して「絶対に腐っていない」という確証が得られたものだけを冷蔵庫に戻す、というやり方です。腐っているかどうかわからなくても、その可能性が少しでもあるものは戻しません。

あれ!?
デカルトは神の存在を
信じてたってこと??

ところが、**デカルトは最終的に、結構なものを信じてしまいます。**

あらすじだけ説明しますと、「私は存在する、その私は『完全性』という観念を持っている、不完全な私が完全性などという観念を持つのは完全な存在がそれを私に与えたからで、その完全な存在とは神に他ならない、完全な存在である神は被造物である私たちをだまそうなんて思うはずがない、だから私がはっきり、くっきり見ることができるものは、本当にそこにあるに違いない」。こうして**デカルトは、「世界が幻なんかではない」ということを受け入れました。**

この過程について詳しくは、彼の『方法序説』や『省察』を読んでもらえればわかりますが、そこで展開される「信じるに足る」とする理屈は、デカルトと同時代の他の哲学者、たとえばガッサンディ[2]などによって批判されました。

デカルトの打ち立てた「とりあえず疑ってみる」という方針は画期的であったものの、それを実践しきれたかというと、そこは眉唾ものだったのです。

では、私自身が世の中すべてを疑っているのかと問われたら、それはまた別の話だ、というお答えになると思います。

たとえば目の前に置かれたごはんを、「これは本当にごはんなのか?」などと疑ってい

2　ピエール・ガッサンディ(1592-1655)

フランスの哲学者、科学者、司祭。古代ギリシャ哲学のエピクロス派の唯物論などの立場から、デカルトの神の存在証明などを批判した。感覚や経験に先んじて存在する観念や認識は存在しないとして、のちの経験論に大きな影響を与えた。

たら、食事もできません。久しぶりに会った友人を前にして「彼はこの前会った友人と同じ人なのか？」と疑っていたら、会話もままなりません。

「とりあえず疑ってみる」と言うときの「とりあえず」というのは、疑ってみたあと、その結果をどう使うかはまた別問題、というニュアンスも含んでいます。「疑い」を生かすには、どこで「疑わない」かの見極めも重要です。

それでも、**とりあえずであれ「疑ってみる」ことが大事です。**

なぜ大事なのか？

疑ってみて、考えてみることが重要だからです。

当たり前に過ごしていれば疑わないものを、あえて、「もしかしたら、間違っている可能性があるかもしれない」と疑ってみることで、より深く考える機会をつくることにつながります。ひいては、それに対する理解を深めることにもつながります。

日常の、当たり前の思考というのは、それはそれで必要なものです。ただ、ときにはデカルトのように、目の前にあるものを疑ってみることが、物事に対する思考を深め、理解を深めるためには必要なことだと思うのです。

仮説から導いた予測が正しくても……

「哲学」とひと口にいっても、いくつかの種類があります。ちなみに、私の専門は「科学哲学」。肩書としてはもう一つ、「倫理学」も専門とさせていただいております。

その他、哲学の視点から言語を研究するなら「言語哲学」、宗教を考察するなら「宗教哲学」といった領域があります。美について研究するなら「美学」、倫理について研究するなら「倫理学」というわけです。

これらのそれぞれの領域も、哲学であるからには「とりあえず疑ってみる」という要素があります。

例として「美」についていえば、私たちは「美しい」と感動する体験に出会ったとき、「でも美しいって、どういうことだろう?」などと追究したりはしないものです。そこで、「私たちが美しいと感じるのは、果たしてそこに美しさが客観的に存在するからなのか、それとも私たちの中にだけあるものなのか?」

と疑ってみるのが哲学（この場合は美学）です。

ちなみに、先ほどもご紹介したように私の専門は「科学哲学」ですから、仕事は科学にまつわるいろいろなことを「疑ってみる」ことです。

テレビの刑事ドラマで「科学捜査」が行われて、普通ならわからないような痕跡から犯人がずばりわかる、といったシーンが出てくることがありますが、これはつまり、世間一般には「科学でわかったことは絶対で、もう覆らない」という認識があるからでしょう。

でも、本当にそうでしょうか？

科学とは論理的で、正確で、必ず真実を映し出すのでしょうか？

科学が新しい事実を確立するとき、どのような方法論に基づいて、それが行われているのでしょうか？

こうしたことを考えるのも、「科学を疑ってみる」やり方の一つです。

たとえば、科学の方法論としてよく挙げられるものに**「仮説演繹《えんえき》法」**があります。

「いったいそれは何なのか？」と、早速疑問を持たれる方もいそうです。

「そもそも仮説演繹法とは何か？」を説明するときによく挙げられるのが、アインシュタインの「一般相対性理論」から、恒星の観測についての予測が行われたという事例です。

ざっくりと解説するなら、アインシュタインは、

「重力というものは、質量のある物体の周りの空間が曲がって生じる」

という仮説を立てました。


科学者が「仮説」を立てたら、次にするのは「予測」を導くこと。

その仮説が本当であったら、それによって起きうることで、私たちの目で見てわかることはないだろうか……という観点から導き出すのが「予測」です。アインシュタインは、自分の仮説をもとに、

「遠くの星から来る光は、曲がった空間を通るときに向きが変わるので、地球からは太陽の近くの星がずれて見えるはずだ」

という予測を導き出しました。


予測を立てたら、次はその予測が正しいかどうかを確認する必要があります。

アインシュタインの予測の場合、これを確認するために皆既日食が起きている地域に調査隊が送られ、本当に星の位置は太陽の近くでちょっとずれて見えたのです。

この確認を一つのきっかけとして、アインシュタインの仮説は受け入れられ、一般相対性理論が定説となっていくことになりました。

一般相対性理論の受け入れを巡るこの一連の流れは、仮説演繹法が使われた典型例といえるでしょう。

仮説演繹法のような方法論については、科学者も議論するし、哲学者も議論します。ただ、科学の領域では、実験のやり方などを具体化していく方向で考えていくのに対し、私たち**哲学者は逆にもう一歩引いて、より抽象化して考えます。**

ちなみに、「仮説から予測を導いて確認した結果、予測が合っていれば仮説もおそらく正しい」と推論する「仮説演繹法」は、今の科学哲学の用語でいえば、「帰納的推論」の一種です。これについてはあとでまた説明します。

さて、哲学の観点から仮説演繹法について興味深い点は、実はこれは**論理学の観点からいえば誤った推論に分類されそうだ**、ということなのです。

「AならばB」という前提と、「B」という前提、二つの前提から「ゆえにA」という結論を導き出す推論は、論理学でいうところの**「誤謬《ごびゅう》推論」**に当たります。「誤謬」とは間違いということなので、つまり、**「間違った推論」**ということです。

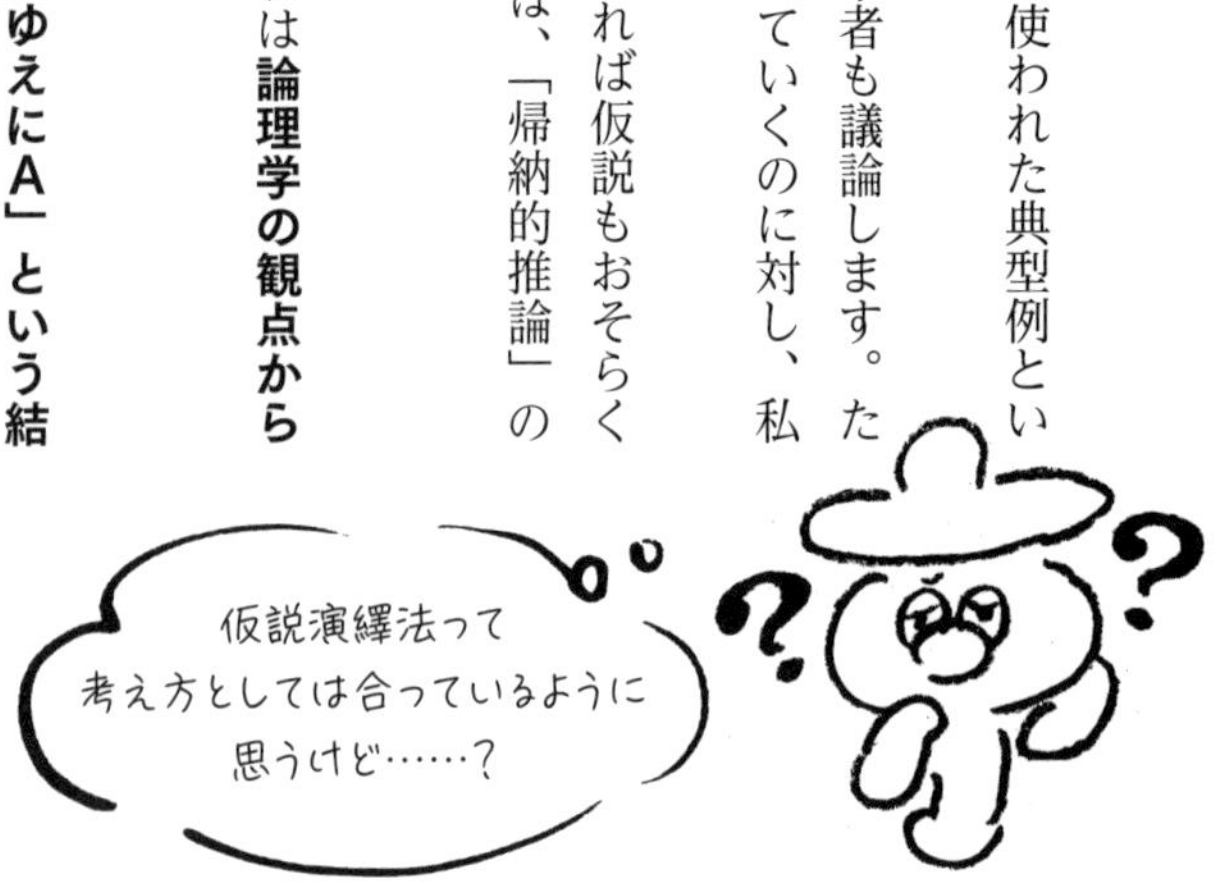
仮説演繹法って
考え方としては合っているように
思うけど……？

仮説演繹法の仕組み

ステップ① 仮説を立てたら、予測を導く

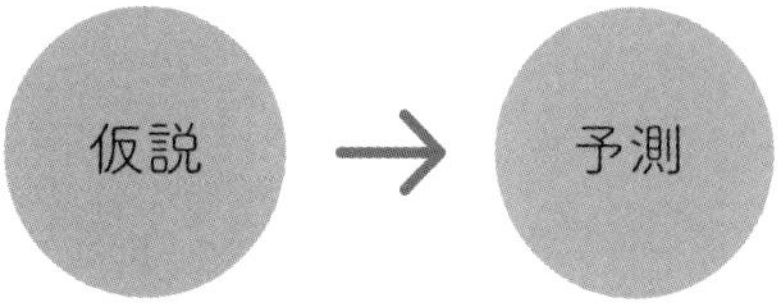

ステップ② 予測を立てたら、その予測が正しいかどうかを確認する

ステップ③ 予測の確認がとれたら、仮説を受け入れる

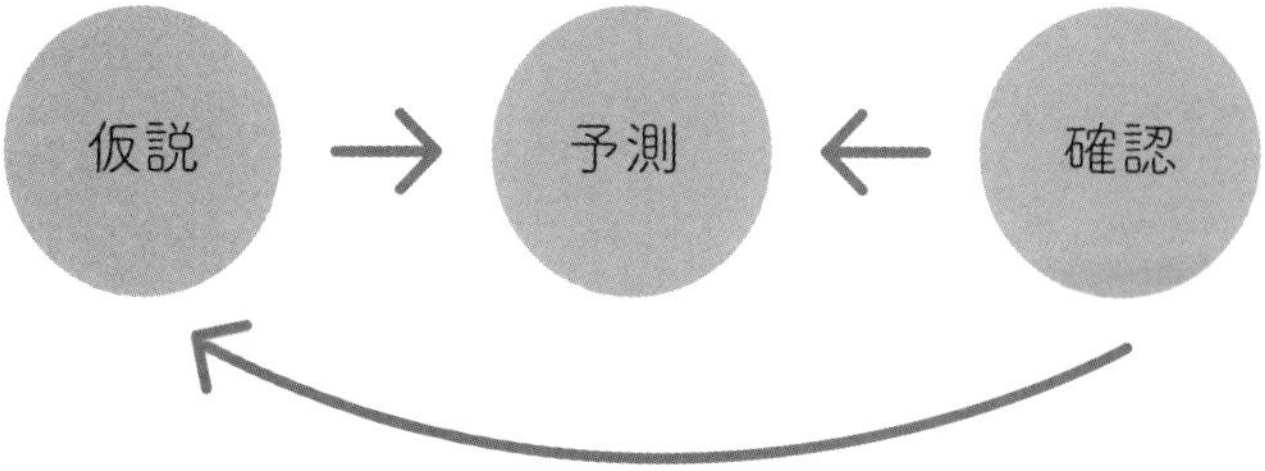

具体的に例を挙げて説明してみましょう。

たとえば、次ページの図に当てはめて、「雨が降っている」をA、「地面がぬれている」をBとしたとき、「AならばB」つまり「雨が降っているならば、地面はぬれている」という状況は成立します。

では、「雨が降っているならば、地面はぬれている」という前提があり、かつ「地面がぬれている」という二つめの前提があるとき、「ゆえに雨が降っている」と結論づけていいかというと、これはおかしい。

なぜなら、その地面をぬらしたものが雨とは限りません。お店の人がまいた打ち水でぬれたのかもしれないし、花に水やりをする途中でうっかりこぼした水かもしれないからです。

この、**あからさまに間違った推論と、仮説演繹法は、構造が同じです。**

つまり、先ほどのアインシュタインの例を論理学の立場から考えると、「一般相対性理論が正しいならば、太陽の近くで星の位置がずれて見える」という前提と、「星の位置は実際太陽の近くでずれて見える」という前提から、「ゆえに一般相対性理論は正しい」と結論づけるのは、「間違った推論」といわざるをえません。

論理学の誤謬推論（間違った推論）の例

（前提）AならばB

（前提）B

（結論）ゆえにA

科学哲学的な議論は、このような謎から始まります。

論理学的に考えればおかしいことのはずなのに、誰もが「なるほど」「そうだ」「これでいいやん」と思っている。そういう事象があることが、明らかとなったからです。

これはいったいどういうことだろう？

もしや論理学のほうこそ、おかしいのか……？

疑ってみて、考え始めると、いろいろな可能性が見えていきます。さまざまな意見が出てきます。

これが科学哲学のおもしろいところです。

科学の現場よりも抽象化する方向で考えていくからこそ、こういう現場の科学者が考えな

いような謎が見えてくる、というおもしろさがあるわけです。

ただ、科学哲学が全体として、今いったような謎に取り組んでいるという印象をもし与えてしまったとしたら、それはそれで言いすぎです。哲学にもさまざまな分野があるように、科学哲学の中にもいろいろな領域があります。

二〇世紀前半の科学哲学では、物理学を例にとりながら科学について考えるのが主流でした。物理学は世界の基礎的な構造を明らかにする様相を持っているので、哲学者たちも気になったわけです。また、法則が数式で書かれていて、法則から何かを予測するのも数学ですっきり表現されていてわかりやすい、という点も分析の対象にしやすかった理由でしょう。

最近では、科学の多様性を哲学者もかなり意識するようになり、生物学には生物学特有のおもしろい話題がありそうだぞ、ということで「生物学の哲学」と呼ばれる分野も盛んになってきました。

それでは私は、というと、方法論などがすでに確立された分野よりも、環境学や情報学など、学問としてはまだ新しい分野のほうがおもしろいと思っています。

方法論が確立されていないから、どういう方法論がいいかを原点に立ち戻って考える必要が生じ、そこに哲学の仕事が発生します。また、情報や環境といった学際的な分野は、人文系や社会科学系と理系を組み合わせるなど、出自の違う分野を組み合わせてまとめ上げる必要があるのですが、それをどうやってやるのかといった問題に興味があります。

現在、私が取り組んでいる研究の一例として、「リスク」という概念に関する研究があります。環境問題を考えるとき、リスクが重要な概念となることは言わずもがなですが、この概念も哲学のテーマになるのです。

そもそも「リスク」という概念は、いったい何なのか？

たとえば、「原発事故のリスク」について議論しようとするとき、もしそれぞれの人が持つ「リスク」という言葉の捉え方が、お互いに違っていたらどうでしょう？「リスク」の捉え方が異なる人たちの間で、いくら意見を交わしたところで、会話が成立するはずがありません。

「リスク」という言葉自体が、誤解を生むリスクをはらんでいるのです。

さらにいえば、「リスク学」と呼ばれる分野で現在使われている「リスク」の定義は、

「リスク」という言葉から世間がイメージするものから、少しずれています。

学問的にはリスクというのは何か悪いことが起きる確率と、その悪いことの重大さを掛け合わせた積として表わされます。でも、この計算から導かれるリスクの大小と、一般の人が並べるリスクの大小は食い違うことが知られています。

この点を詳しく掘り下げていくと「リスクの哲学」になるのですが、そういう研究をしていてわかるのは、

「分野の異なる人たちが集まったとき、『言葉』を一致させるだけでも、案外大変だよ」

ということです。

科学哲学とはいったいどのようなものか、なんとなくでもおわかりいただけたでしょうか。

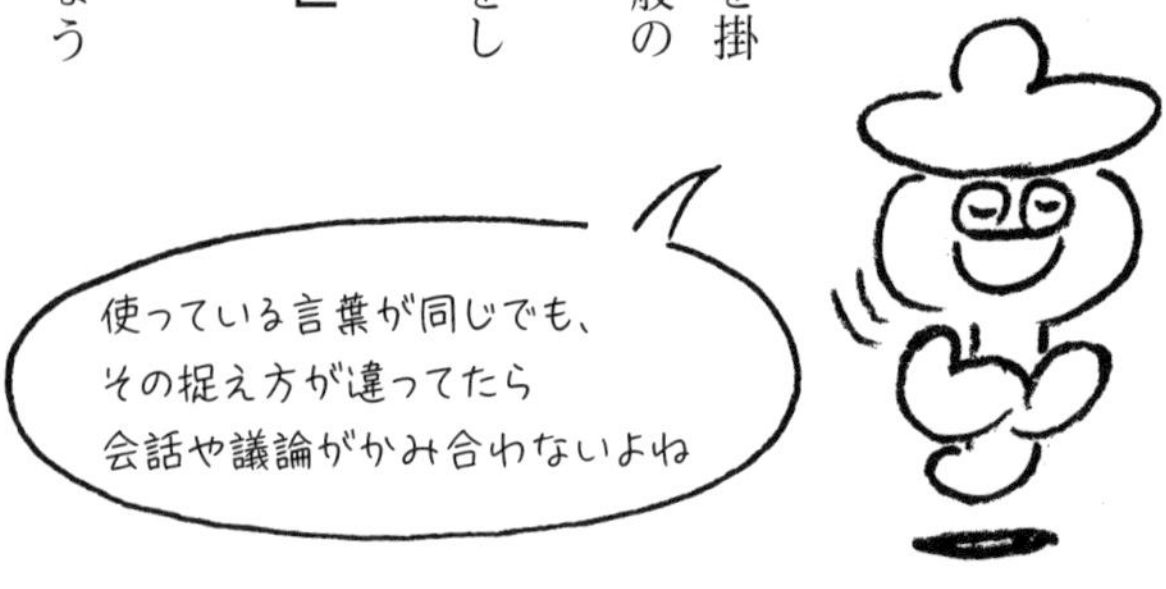
使っている言葉が同じでも、
その捉え方が違ってたら
会話や議論がかみ合わないよね

19世紀中ごろまでの「帰納」と「演繹」の関係

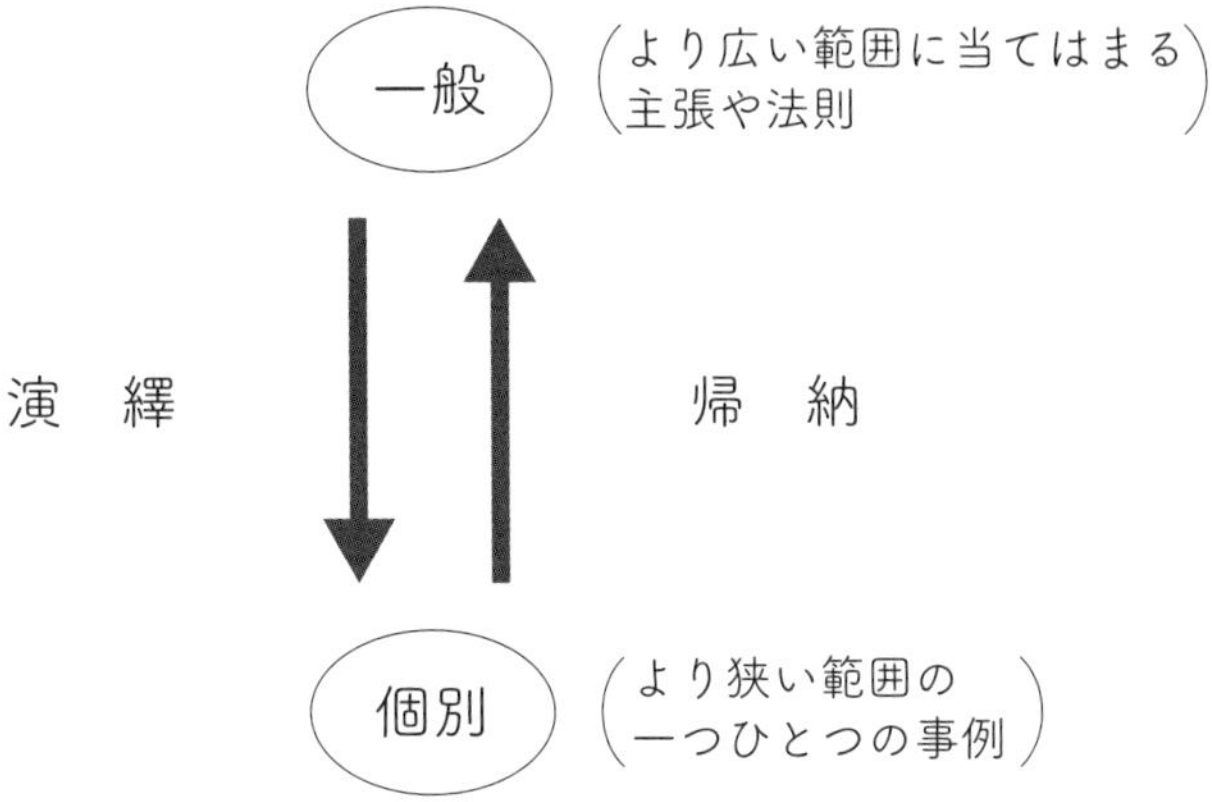
一般
（より広い範囲に当てはまる主張や法則）
演　繹
帰　納
個別
（より狭い範囲の一つひとつの事例）

「帰納」と「演繹」の定義が、変わってしまった！

さて、少し前に「帰納」と「演繹」という言葉が出てきましたが、高校や大学の勉強などでなんとなく耳にしたことはあるという方は多いかもしれません。そういう方は「演繹法」と名前のつく方法が「帰納」の一種だと言われて、「あれ？　帰納と演繹って反対なんじゃなかったっけ？」と思われたかもしれません。

ややこしいのは、**「帰納」「演繹」という言葉は、一九世紀中ごろまでと、二〇世紀の中ごろ以降では、言葉の持つ意味が変わってしまった**ことです。

一九世紀中ごろまで、**「帰納」と「演繹」は、「一般」と「個別」を対比する捉え方の中で使われる言葉**でした。

「一般」とはより広い範囲に当てはまる主張などで、物理法則の場合には宇宙全体に当てはまるくらいまで「一般」的なものになります。「個別」とはより狭い範囲、一個一個の事例についての主張などを指します。

この**一般から個別に向かって推論することを「演繹」といい、その逆を「帰納」といいました。**

たとえば、リスの仲間のグラウンドホッグがみんな冬眠するということを知っていたときに、目の前のホグというグラウンドホッグの個体も冬眠するはずだ、と推論するのは、グラウンドホッグみんなという「一般」からホグという「個別」についての結論を導いているので、この意味での「演繹」です。逆に、ホグが実際冬眠するということを見て、グラウンドホッグは、みんな冬眠するのではないか、と推論するのは、「個別」から「一般」へという推論の流れなので「帰納」です。

世界史や科学思想史などで学ぶ際、教科書に出てくる「帰納」「演繹」という言葉は、これらのことを指すわけです。

しかし**現在の論理学や哲学では、これらの言葉は一九世紀中ごろまでとは異なる意味で使われています。**

そもそも以前の「演繹」の考え方には、**「いくつか（通常は二つ）の前提をもとに、一つの結論を導く」**という、古代ギリシャのアリストテレス[3]がまとめた**「三段論法」**が前提にありました。

たとえば、「グラウンドホッグはみんな冬眠する」「ホグはグラウンドホッグである」という二つの前提があるとき、「ホグは冬眠する」という結論を導き出すことができます。

これが古い意味での「演繹」になっているのは、すでに紹介したとおりです。一九世紀まで知られていた論理的に正しい推論は、みなこの意味での「演繹」でした。

ところが、一九世紀後半から二〇世紀前半にかけて、新しい論理学が登場し、

「正しい推論とは、必ずしも一般から個別を導き出すものばかりではない」

と、わかってきました。

論理的に正しいはずなのに、三段論法にそぐわないものが、たくさん出てきてしまったのです。

たとえば、グラウンドホッグが世界に三匹しかいないことがはっきりしている場合、そ

3　アリストテレス（前384-前322）

古代ギリシャの哲学者。ソクラテス、プラトンの後継者としてギリシャ哲学を完成させ、論理学や倫理学などさまざまな学問の基礎をつくった。家庭教師としてマケドニアのアレクサンドロス大王を指導したが、皮肉にもギリシャのポリス（都市国家）世界は大王の手によって破壊された。

の三匹について「個別」に冬眠するということを確認すれば、「グラウンドホッグはみんな冬眠する」という「一般」的な結論を論理的に導けます。これは一九世紀的な意味では「帰納」だけれども、推論の正しさという点で、三段論法に劣るものではありません。

現在、論理学の教科書では、**「演繹」を、**

「前提が正しければ、結論も必ず真であるような推論」

と定義するのが普通です。

先ほどのグラウンドホッグが三匹しかいない世界の推論も、この新しい意味での「演繹」的な推論になります。数学でいうところの「数学的帰納法」[4]はこの考え方をさらに強力に応用したもので、これもやはり古い意味では「帰納」ですが、この新しい意味では「演繹」です。「演繹」の定義が変われば、「帰納」の定義も変わります。二つが対になっていることを踏まえると、**「帰納」は、**

「前提は正しくても、結論は必ずしも真ではないような推論」

と定義することができます（その中でも、何らかの意味で妥当なもの、という限定が必要ですが）。

4　数学的帰納法

数学的帰納法によって、ある等式（A）があらゆる自然数 n について成り立つことを証明する方法は以下のとおり。

①$n=1$ のとき（A）が成り立つことを証明する。

②$n=k$ のとき（A）が成り立つことを仮定する。

　その仮定を使って

　$n=k+1$ のとき（A）が成り立つことを証明する。

ここで、前の項目でご紹介した「誤謬推論」に戻って考えてみましょう。

まず、「雨が降っているならば、地面はぬれている」という前提は正しいし、「地面がぬれている」という前提も正しい。しかし、だから「雨が降っている」という結論になるかというと、そうではないことはすでにご説明しました。雨が降っていないこともありえますよね。

つまり、「前提が正しければ、結論も必ず真である」という条件を満たしませんから、「これは演繹的推論ではない」のです。でも、それと同じ構造の「仮説演繹法」が演繹的な妥当性とはまた別の意味で妥当ということはありえて、その意味で「帰納」的な推論だということはありえます。

今と昔で「帰納」「演繹」という言葉の意味が変わっていることが、どんな影響を与えているでしょうか。たとえば、本を読んでいて二つの言葉が出てきたときに、「これはどちらの意味なのか？」と、いちいち読書をやめて、考えなくてはならないわけです。

ちなみに、先に登場した「仮説演繹法」は、かなり古くから使われている言葉ですから、最初にこの言葉を使っていた人たちは、「一般的な仮説から個別の予測を導く」という古い意味で「演繹」を使っていたでしょう。しかし、今現在、仮説演繹法という言葉を使っている人たちは、「仮説と他の前提から予測が論理的に導かれる」という新しい定義で「演繹」を使用しています。かなりややこしいことになっているわけです。

そして、こういう**ややこしいことを考えるのが、私の考える哲学者の仕事の一つ**です。

日常が問題なくうまくいっているときは、特に何かを疑う必要が感じられることはないでしょう。ところが、ときに、「なんでかわからないけど、話が通じない」といった齟齬《そご》が出てきます。

そのとき誰かが、

「なぜ、齟齬が起こってしまったのだろう？」

「原因はどこにあるのだろう？」

と、振り返ってたどり始めたとき、たとえば、

「同じ言葉を、違う意味で使っているのかもしれない」

「言葉の定義が変わってしまったからかもしれない」

ということに気づけるか否かは、「とりあえず疑ってみる」ことができるかどうかに、かかっているかもしれないのです。

どこまでが「科学」で、どこからが「科学じゃないもの」なのか？

ここまでは、「科学の方法論」を一つのテーマとしてご説明してきました。

哲学にも、科学にも、さまざまな分野があることは先にも述べましたが、実は「科学哲学」もまた、非常に広い領域を持っています。科学について哲学の観点から考えるのであれば、それらはすべて「科学哲学」なのです。

科学哲学にはいくつものテーマがあり、当事者であるはずの私でさえ、まったく把握できていないテーマもあります。その中で、私の研究テーマの一つとして「リスク」の捉え方というものを紹介しましたが、もう一つ大きなテーマとしているのが**「科学」と「科学じゃないもの」の線引き**です。

「科学じゃないもの」として科学哲学者がよく論じるのが、**「疑似《ぎじ》科学」**です。

「疑似科学」とは、「科学のようで科学じゃないもの」……と定義されるのですが、「『科学じゃない』とはどういうことだ」なんて話になってくると、定義そのものについて議論

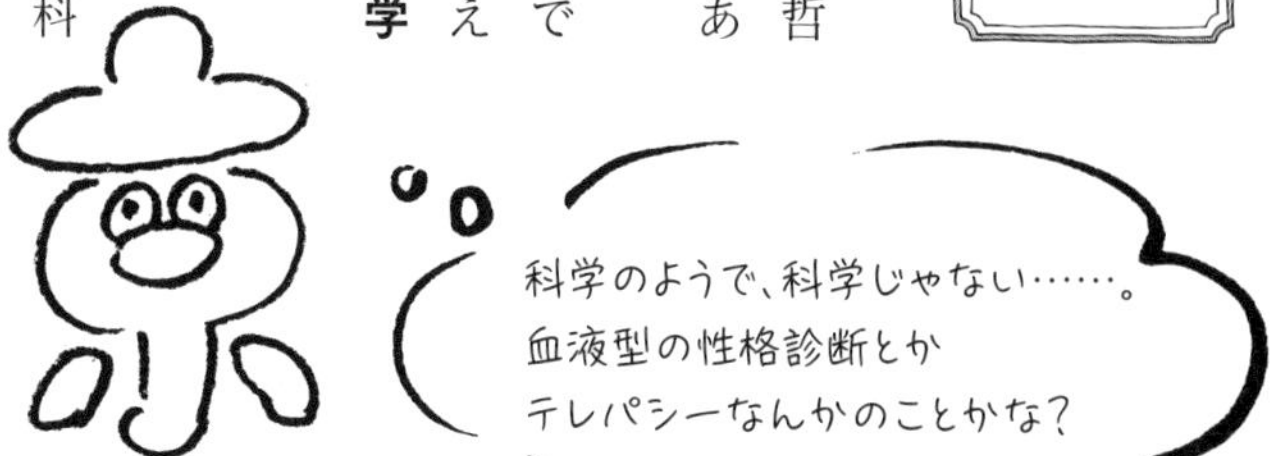
科学のようで、科学じゃない……。
血液型の性格診断とか
テレパシーなんかのことかな？

になって話が進まないので、その部分についてはいったん、目をつぶるとしましょう。「科学のよう」というほうについては、数式を使ったり、「波動」とか「量子」とか言葉だけ自然科学から借りたりすることもあれば、ストレートに「科学的」という言葉を使うこともあります。そうした特徴を持っていても、「科学」とは見なせないものが「疑似科学」だというわけです。

たとえば、一九七〇年代から八〇年代のアメリカでは**「創造科学」**という「科学」が提唱されました。これは、**「キリスト教の聖書に書かれたことは、すべて文字どおり正しい」という前提で行われる「科学」のこと**です。

創造科学が登場した背景には、「宗教」と「進化論」の対立の問題がありました。

ダーウィンの進化論からは、「ヒトは、他の生物と同じ祖先から枝分かれして進化した」という主張が導かれます。当時のアメリカでは、公立校の授業で子どもたちが進化論を教わることに、反発する人たちがいました。

なぜなら、進化論と聖書の内容は、一致しないからです。聖書では、他の生物がすべてつくられたあとで、神様が自分の姿に似せて、地上に生きるものを治めるようにと人間をつくったことが記されています。この聖書の記述が「正しい」という前提で考えると、進化論は否定されるべきものでした。

創造科学が提唱される前には、公立校で進化論を教えることを禁止するように求める運動もありました。しかし、そうした禁止は「言論の自由に反する」と裁判所が判断したことで、できなくなりました。

そこで、進化論を禁止できないのなら、進化論を正しいとする科学だけでなく、「創造科学」についても教える――つまり、「聖書が正しい」という前提の「科学」も同じくらい教えるように求める運動が起こったのです。

アメリカ南部のアーカンソー州では州法としてこれが定められ、そこで使われたのが「創造科学」という名前です。もっとも、すぐに裁判になって「『創造科学』は宗教教育であり違憲」という判決が下され、この法律は覆されました。


そもそも、聖書にはアダムからの詳しい系図が書いてあるので、それで計算すると地球にはおよそ一万年の歴史しかないことになってしまいます。また、ノアの箱舟にまつわる大洪水により地球全体が一年間ほど水没したことになります。

なので、創造科学には、地球ができて一万年しかたっていないという証拠を集めたり、大洪水で地上のさまざまな地形を説明したりするという要素が含まれます。でも、地質学や古生物学ですでにわかっていることと比べて、こうした主張には相当な無理があります。

そこで、創造科学に代わって最近アメリカで人気なのが**「知的設計説」**なる考え方です。これは、今いったような無理な主張はやめて、ただ、**宇宙や生命や知性の起源について、「知的設計者」が創造したのだ、ということだけを主張する立場**です。この「知的設計者」は要するにキリスト教の神なわけですが、「神」と言うとまた宗教教育と言われてしまうので、「知的設計者」と言い換えるわけです。

私たちからすれば、「それを科学と呼ばれたら困るよね」と直観的に感じるでしょう。


こういうときの**哲学者の仕事は、「直観的に感じる」ですませずに、「それは、なんでなの？」と、また疑ってみること**です。

「進化論は科学だと思えるけれど、創造科学や知的設計説は科学だと思えない。それは、なんでなの？　何が違うの？」

と考えるのです。

そして考えてみると、おもしろいことに、**なかなか明確な答えが出てこない**ことがわかってきます。

いわゆる「疑似科学」に分類される、いろいろなものを見ていきます。一方で「科学」に分類される、いろいろなものも見ていきます。それによって、

「では、ここで線引きできますね」

という明確なポイントが見えてくるかというと、実はそうそうわかりません。

科学者の往生際の悪さが、ブレークスルーを生む!?

「科学」と「科学じゃないもの」をどうすれば線引きできるのか。科学哲学において、このテーマが長らく論争される中で登場したのが、哲学者カール・ポパー[5]が提唱した**「反証主義」**でした。

たとえばアインシュタインの一般相対性理論の場合、太陽の近くで星の位置がずれて見えないことが判明していたとしたら、この仮説には無理があるということで放棄されていたでしょう。これが「反証可能である」ということです。

ダーウィンの進化論からは、一般相対性理論ほどはっきりした予測が導かれるわけではありませんが、たとえば人間と他の動物の遺伝の仕組みがあまりに違うので共通の先祖を

5　カール・ポパー（1902-1994）
オーストリア出身の哲学者。科学と非科学を分かつ境界設定として「反証可能性」を提示し、20世紀の科学哲学に大きな影響を与えた。

持つとは思えない、というような証拠が出てきたら、反証されることになるでしょう。

しかし、「聖書が正しい」という前提で始めると宣言している「創造科学」は、聖書の内容については覆りようがありません。あらゆる証拠を、たとえば、大洪水があったという観点から解釈するわけですから、反証の起こりようがないのです。

このように、

「覆りようのないものは、科学じゃない」

「反証できないものは、科学じゃない」

と、ポパーは主張しました。

逆にいえば、**「科学」とは、実験や観察の結果によっては仮説を放棄せざるをえないもの**である、ということです。もし、その仮説が放棄されることなどありえないなら、反証主義の立場からいうと、その仮説は「科学じゃないもの」となるのです。


つまり、ポパーの考えによれば、科学は覆る余地があることをあえて主張するところにみそがあります。**覆るリスクを乗り越えて、まだ覆っていないからこそ科学的主張として受け入れるに値する**のです。

さて、反証主義はたしかに科学というものの大事な側面を指摘しているように見えます。ところが、実際に科学の歴史におけるいろいろなエピソードに反証主義を当てはめてみると、必ずしもうまくいかないことがわかってきました。

反証主義が全面的に間違いというのではないにせよ、**ときには反証主義に反するような態度をとることが、いい結果につながる**ようなのです。

反証主義に反する態度ということは、要するに往生際が悪いということです。**科学者にも往生際が悪い人は多くいます。**

自分がこれまで守ってきた説に対する反例（反証となる実例）が出てきても、なんとかして自説を生き延びさせようとします。「たしかに間違ってました」と簡単に引き下がらず、「本当は反証されていない」「自説はこのままでいい」となんとか言い抜けようとします。

だからといって、これが悪いことかというと、そうでもありません。科学者が一見したところの反例をものともせず自説を曲げなかったことで、結果的にはよかった例がいくつもあるからです。

このおもしろい例として、コペルニクス[6]の「地動説」にまつわる言い逃れがあります。

6　ニコラウス・コペルニクス（1473-1543）

ポーランドの天文学者、司祭。ルネサンス全盛期のイタリアに留学して、天文学や数学などを学ぶ。カトリックの司祭として、聖書の教えに反する地動説の公表は控えていたが、弟子の説得により死の直前に主著『天球回転論』を出版した。

コペルニクスがこれを主張した当時、世間の定説は「天動説」、つまり地球は宇宙の中心にあって動かないという考え方だったわけですが、実はコペルニクスの考えた地動説は、モデルの単純さという点でも、予測の精度という意味でも、天動説よりそれほど優れているというわけではありませんでした。

その中で、天動説と地動説、どちらが正しいか白黒つける一つの方法として、夏と冬で恒星の見える方向がずれるかどうかを見る、というやり方があります。地球が動いているなら少しずれて見えるはずだし、動いていないならいつでもずれは生じません。

ところが、コペルニクスが参照できた当時の天体観測のデータにおいては、夏と冬で恒星の位置にはまったく差がありませんでした。コペルニクスが往生際のよい人であれば、この明らかな反証に直面して、地動説をあきらめたことでしょう。

しかし、**コペルニクスは往生際が悪かった。**

『天球回転論』の中でこの問題を取り上げた彼は、なかなかな言い逃れをします。

「恒星はとても遠くにある。角度がわかるほど近くにはない」

実は、当時想定されていた宇宙の大きさは、今から見ればとてもこぢんまりしたものでした。当時の常識でいえば、この宇宙は人間のために神がつくったものなので、人間の手

の届かない広大な宇宙空間を神がつくるなどという考えは、意味不明だったのです。

つまり、コペルニクスの「恒星はとても遠くにある」という反論は、当時においては、何の根拠もない上に、意味不明な主張だったのです。コペルニクスから三〇〇年近くたって、より精密な観測ができるようになったことで、夏と冬で恒星の位置にずれが起ること、いわゆる年周視差が実際に観測されるようになりましたが、それは誰も地動説を疑わなくなってからずっとあとのことです。

コペルニクスが往生際悪く、**何の根拠もない言い訳**をしてくれたおかげで、今私たちは、地動説を出発点にする天文学を受け入れることができているのです。もし、コペルニクスがあっさりと引き下がっていたら、私たちはいまだに「地球は宇宙の中心で不動だ」と信じていたかもしれません。


科学者にとって、往生際の悪さはとても重要であり、かつ科学者の多くが持ち合わせる特性でもあります。実際、科学の歴史においては、コペルニクスに限らず、他の例でも、科学者の往生際の悪さがブレークスルーにつながることがままあります。

曖昧さを許容する「グレーゾーン」にこそ、豊かな可能性が潜んでいる

「反証可能性のないものは科学じゃない」とスパッと言い切ってしまうポパーの「反証主義」は、いわばとてもきれいな考え方であり、わかりやすくもあり、説得力もありました。よい点もあったのですが、実際の科学の営みにこれを当てはめると、コペルニクスの例しかり、その他にもあれこれ無理が出てきました。

さらにポパーのあとにも、「科学」と「科学のようで科学じゃないもの」を線引きしようと試みる人たちはいました。

しかし、どれ一つとして、**問題なく明確に両者を線引きできる説は、登場しなかった**のです。

「科学」、そして「科学のようで科学じゃないもの」。

一見すると、両者は明らかに違うものであり、直観では「これは科学」「これは科学じ

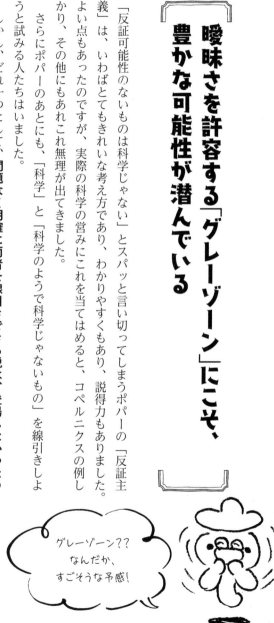

グレーゾーンの存在

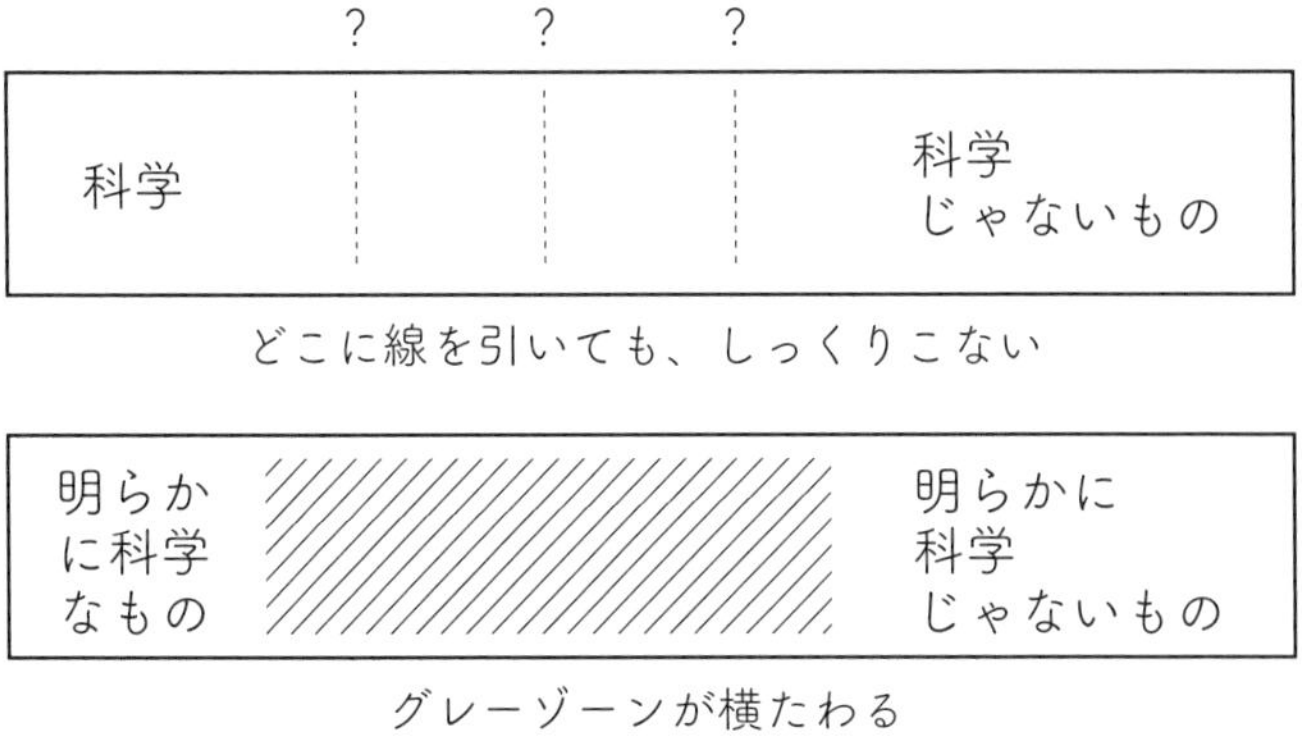
？ ？ ？
科学
科学じゃないもの
どこに線を引いても、しっくりこない
明らかに科学なもの
明らかに科学じゃないもの
グレーゾーンが横たわる

ゃない」とわかるのに、すべてのケースに当てはまる分類方法を探そうとすると、どうやって線引きしても、どうしても無理が出てしまいます。

なぜでしょう？

私の答えは、**「科学」と「科学のようで科学じゃないもの」の間に、巨大なグレーゾーンが広がっている**ということです。

言い換えるなら、「明らかに科学なもの」と「明らかに科学じゃないもの」の間には、**「見方によるもの」「両方の要素を持つもの」**が存在しています。これは、「二元論」を否定するというのと無関係ではありませんが、ちょっと違います。

たとえば、善悪の二元論を否定して、「善

でも悪でもないもの」という中間の領域を考えるだけだと、二つあった明確なカテゴリーが三つになるだけです。

そうではなく、「善」と「善でないもの」（ここには「悪」も「善でも悪でもないもの」も含まれます）を切り分ける線もまた、きれいにすっぱり引くことはできないんじゃないか、というわけです。

こうして考え始めると、実は「科学」か「科学じゃないもの」かというのは、一つの例にすぎないのではないかと思えてきます。

ここでちょっと話が大きくなりますが、私たちが**「概念」を使ってものを考えようとするとき、この巨大なグレーゾーンは常につきまとってくる**のではないかと思います。

たとえば、「椅子」と「椅子じゃないもの」は明確に線引きできるでしょうか。

椅子とは何かの一つの捉え方として、「人が座ることができれば、それは椅子である」と考えるなら、テーブルとしてそこに置かれたものであっても、腰かけることができるのですから、それも「椅子である」といえなくはありません。

あるいは、「ある物体が椅子かどうかを決めるのは、つくった人の意図だ」と考えた場合、見るからにテーブルに見え、腰かけにくそうな物体も、製作者の意図を聞くと「椅子

二分法的思考では、切り捨てられるものがある

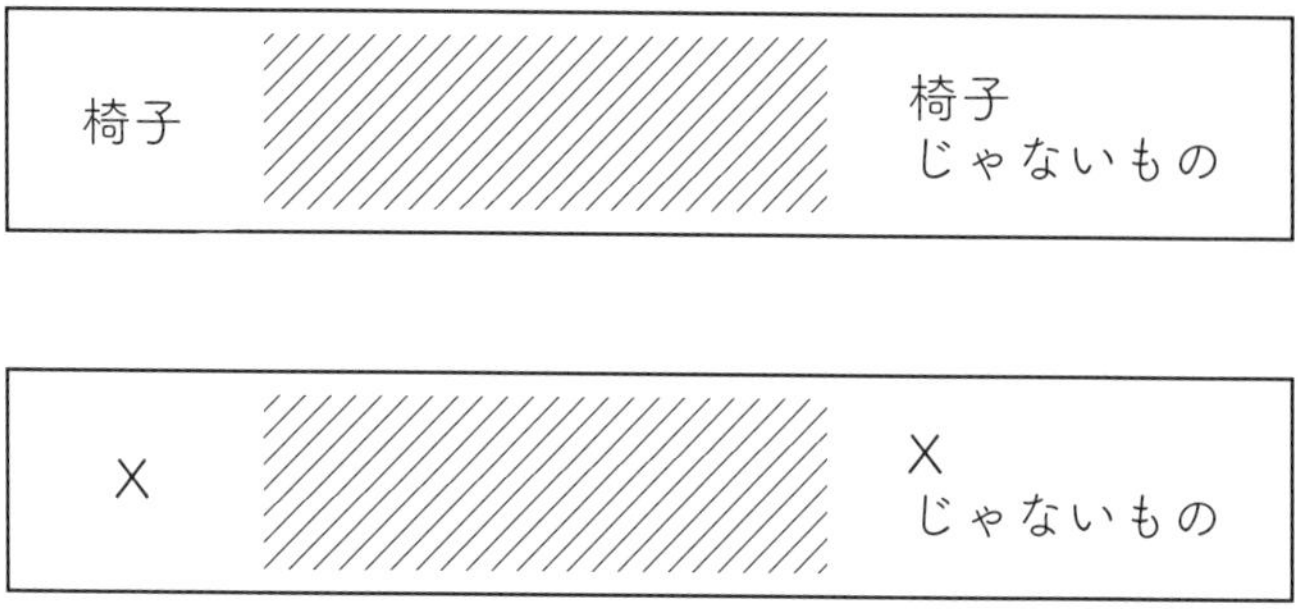

のつもりだった」ということがあるかもしれません。

それは椅子なのか、椅子じゃないのか。

こうして、「椅子」と「椅子じゃないもの」の差を考え始め、

「どこできれいに線引きできるか？」

と考えると、やはり両者の間には巨大なグレーゾーンが横たわることに気づくのです。

何かしらの概念をXと置き、XとXじゃないものを区別しようとする――私はこれを**「二分法的思考」**と呼んでいます。この考え方をする限りにおいて、**本当はこの世界の中に存在する巨大なグレーゾーンが、すごく見えにくくなってしまう**のです。

もちろん、「X」か、「Xじゃないもの」かを明確にすることで、見通しがよくなることだってあります。一方で、明確にしようとすることによって、切り捨てられてしまうものもあることを忘れてはいけません。

こうして考えていくと、私たちが「ものを考える」ときにつきまとう、とても基本的な特徴のようなものが見えてきます。その特徴を意識することで、グレーゾーンの存在が顕在化してくるのです。

「科学」と「科学じゃないもの」の間の線が明確に引けるという考え方からすると、コペルニクスの言い逃れもまた、「科学」なのか「科学じゃないもの」なのかという二者択一を迫られることになります。

「科学だ」と言い切ってしまえば、「何も証拠がなくても言い逃れしていいんだ」ということになりそうですし、「科学じゃない」と言い切ってしまえば、「天動説が正しい」とみんながいまだに信じていても、それもまたよい、ということになりかねません。**無理にどちらかだと割り切ってしまわず、グレーゾーンとしてそのままに捉えたほうが、両方の側面をバランスよく捉えることができる**でしょう。

「これは椅子で、それは椅子じゃない」

と明確に線引きしてしまえば、本当はそれらの真ん中にあるグレーゾーン——要するに、もしかしたら椅子かもしれないもの、見方によっては椅子でありえたかもしれないものがすべて、「椅子」か「椅子じゃないもの」かの**曖昧さのない領域**に押し込められてしまいます。

そういう**微妙な存在に目が向かなくなるのは、もったいない。**

ものを考えるとき、何らかの概念を当てはめ、二分法的に思考すること自体はとても大事です。そもそもグレーゾーンの存在がクローズアップされるのも、まず二分法的な概念を当てはめるからです。

しかし、その概念に当てはまるのか、当てはまらないのかで明確に分けようとすると、そこで話が終わってしまうのです。**非常に豊かな可能性を秘めているグレーゾーンが、まったく見えなくなってしまいます。**

これは科学だろうか、科学のようで科学じゃないものだろうか？

椅子だろうか、椅子じゃないものだろうか？

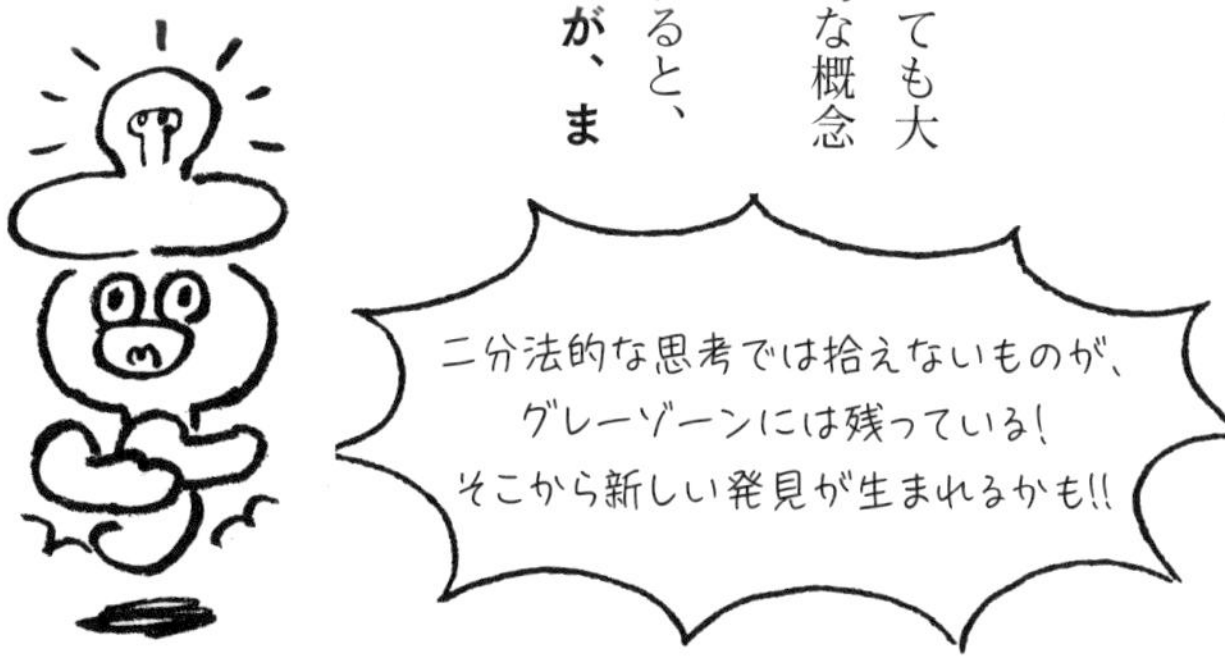
二分法的な思考では拾えないものが、
グレーゾーンには残っている！
そこから新しい発見が生まれるかも!!

それらの問いにうまく答えられないような対象に出会ったとき、簡単に答えを出してしまわず、

「見方を変えれば、もっと違うものが見えてこないだろうか？」
「そうじゃないように見えて、可能性を秘めているんじゃないか？」

と考えてみれば、新たに見えてくる世界がきっとあります。

そして私は、それを見たいと思っています。

私が哲学をやる上での動機は、**「もっとよく考えたい、考えてわかりたい」**ということです。

未知のものについて知りたいということであれば、哲学ではなく他の科学の研究をしたほうがいいでしょう。でも、自分が知ったつもりになっていることについて「本当にこれでいいの？」と気になったとき、「とりあえず疑ってみる」ことから出発する哲学の手法は力強い味方になってくれます。

だから私は、今日もあれこれ「とりあえず疑ってみる」のです。

KYOTO UNIVERSITY

伊勢田先生の新しい発想のヒント

◇哲学とは「とりあえず疑ってみる」こと

◇「帰納」と「演繹」は、時代によって定義が変わってしまった

◇科学と科学じゃないもの（疑似科学）の線引きは、意外に難しい

◇往生際の悪い科学者が、ブレークスルーを生み出すことも

◇グレーゾーンには、二分法的思考では拾えない可能性が広がっている

講座を振り返って

越前屋　哲学とは「とりあえず疑ってみることである」というお話でしたけど、一般の人はあんまり深く考えずに「善」とか「悪」という言葉を使いながら生きてますよね。先生のように物事を疑い始めたら、結構、大変じゃないですか？

伊勢田　たしかに、疑わないで生きるという幸せもあると思います。ただ、**疑ってみることで何かが見えてくる、理解が深まるという楽しみもある**んです。疑問が持てる限りのものについて、「とりあえず疑ってみる」というのが哲学者の仕事だろうと思います。

越前屋　その「疑ってみる」という行為は僕も理解できるんですけど、問題はそのあとです。疑った挙げ句、「あっ、そうか！」と結論が出たらスッキリしますけど、結論が出な

い場合がありますよね。伊勢田先生は、疑問を持って考えたことを、どのように着地させておられるんですか？

伊勢田　そもそも、**哲学って答えを出す営みじゃない**んですよ。何か一つ疑問が解けたと思ったら、それは次の疑問につながるんです。

越前屋　なるほど！　永遠に疑問を持ち続けるのが哲学ということですかね。

伊勢田　「どこかにたどり着く」のではなくて、「まあ、一歩進んだな」という感じですね。

越前屋　たとえば職人さんは、経験を重ねて技術が熟練していくと、数はつくれなくても一つひとつの仕事が丁寧になってくると言います。哲学者の場合、考え続けて年をとると、どうなっていくんですか？

伊勢田　若手の哲学者によくあるのが、ロジック、つまり理詰めで問題を解決しようとすることです。理詰めだけでも結構、結論づけられることはあるんですけど、年をとるにつ

れて「たしかに理詰めだとこの結論になったけど、この理詰めは本当に合っているのか？」みたいなところに、気が向くようになってきましたね。

越前屋

もう**「考えている行為自体が哲学である」**ということですよね。そんな領域に到達するまで、考えたり疑ったりできること自体がすごいことだと思います。ところで、「哲学者＝変人」というイメージもありますが、伊勢田先生ご自身は「自分は変人だと思われている」という自覚のようなものはあるんですか？

伊勢田

面と向かって「変人ですね」と言われることはあんまりないですけど、**「他の人から見てどう思われるのか」を気にしすぎると、つまらない人生になるな**とは思います。

越前屋

それって裏返すと、一般の人たちは周りのことばかり気にして、肝心なことは何も疑っていないっていうことでしょうか？

伊勢田

哲学者は、「そこを疑ったらみんなと話が合わなくなる」ようなことについて、疑いを持つ機会が多いんでしょうね。**「自分の認識と世間の認識はどうしてずれているん**

だろう」ということ自体もおもしろいですし、興味の対象になるんです。

越前屋　人間って「自分はこうだ」と思っていることと、「周りはこう思っているようだ」ということとの間にズレがある場合が多いですよね。そのズレをおもしろがるわけだ。

伊勢田　**「おもしろがる」というのも、哲学のセンスの一つ**じゃないでしょうか。

越前屋　世の中、認識のズレに悩んでいる人が多いと思うんです。「自分は頑張っているつもりなのに、周りからは全然評価されない」と悩んでいる若者の話もよく聞きます。そんな中で、伊勢田先生のように**ズレをおもしろがる考え方は救い**になりますね。お話を聞いていたら、哲学は社会を救うような気がしてきました。

伊勢田　どうでしょうね。あんまり簡単に信用しちゃダメですよ。何事も疑ってかからないと。

越前屋　あっ、そうか！　**「とりあえず疑ってみる」**でした！　やはり僕はまだまだですね（笑）。

BOOK GUIDE

伊勢田先生のお薦めブックガイド

『省察』

ルネ・デカルト著　山田弘明訳　ちくま学芸文庫

「とりあえず疑ってみる」という意味での、哲学の近代における開祖。そのデカルトですら疑いを徹底できなかった部分も含め、今でも参考とすべき点が多々あります。

『哲学思考トレーニング』

伊勢田哲治著　ちくま新書

今回の講座では「とりあえず疑ってみる」というところだけを強調しましたが、これを現実に応用する上でセットにすべき「疑わない技術」も併せて紹介しています。

『疑似科学と科学の哲学』

伊勢田哲治著　名古屋大学出版会

疑似科学と科学の間の線引きをテーマに、科学哲学の全体像を描き出す入門書です。「創造科学」の事例について、さらに詳しい紹介などもしています。

アート&テクノロジー学の教室

3

アートはサイエンスだ！

——アーティストと研究者、二足のわらじで見つけた日本の美

土佐尚子

大学院　総合生存学館　アートイノベーション産学共同教授

中学・高校のころのあだ名は「ボケ」。しかし、ボーッとする時間があるからこそ、世界が瞠目するアートが生まれる。

音の振動から生まれたアート

「百聞は一見に如《し》かず」ということで、最初に私の作品を見ていただくことにしましょう(次ページより)。これは、**『サウンド・オブ・生け花』**というアート作品です。「CG(コンピューター・グラフィックス)でつくっているんですか?」とよく聞かれるのですが、CGではつくれません。この形を数式で生成できないから、**CGでは決してつくり出せない、自然がつくり出したカオスの形状**なんです。

『サウンド・オブ・生け花』は、一言で解説すると**「音でつくる生け花」**です。重低音スピーカーに幕を張り、その上に水を垂らすと、音の振動によってさまざまな方向に飛び跳ねます。水にインクを混ぜて色をつけ、ハイスピードカメラで撮影することで、まるで花のような映像ができあがります。『サウンド・オブ・生け花』は、映像を「生け花」に見立てて作品化したものです。最近の私の作品のコンセプトは、「インビジブル・ビューティ」(Invisible Beauty)といって、**裸眼で見えない自然を先端技術を用いて表現すること**をテーマに研究し、作品を制作しています。

これがCGじゃないなんて!
なんて神秘的な世界!

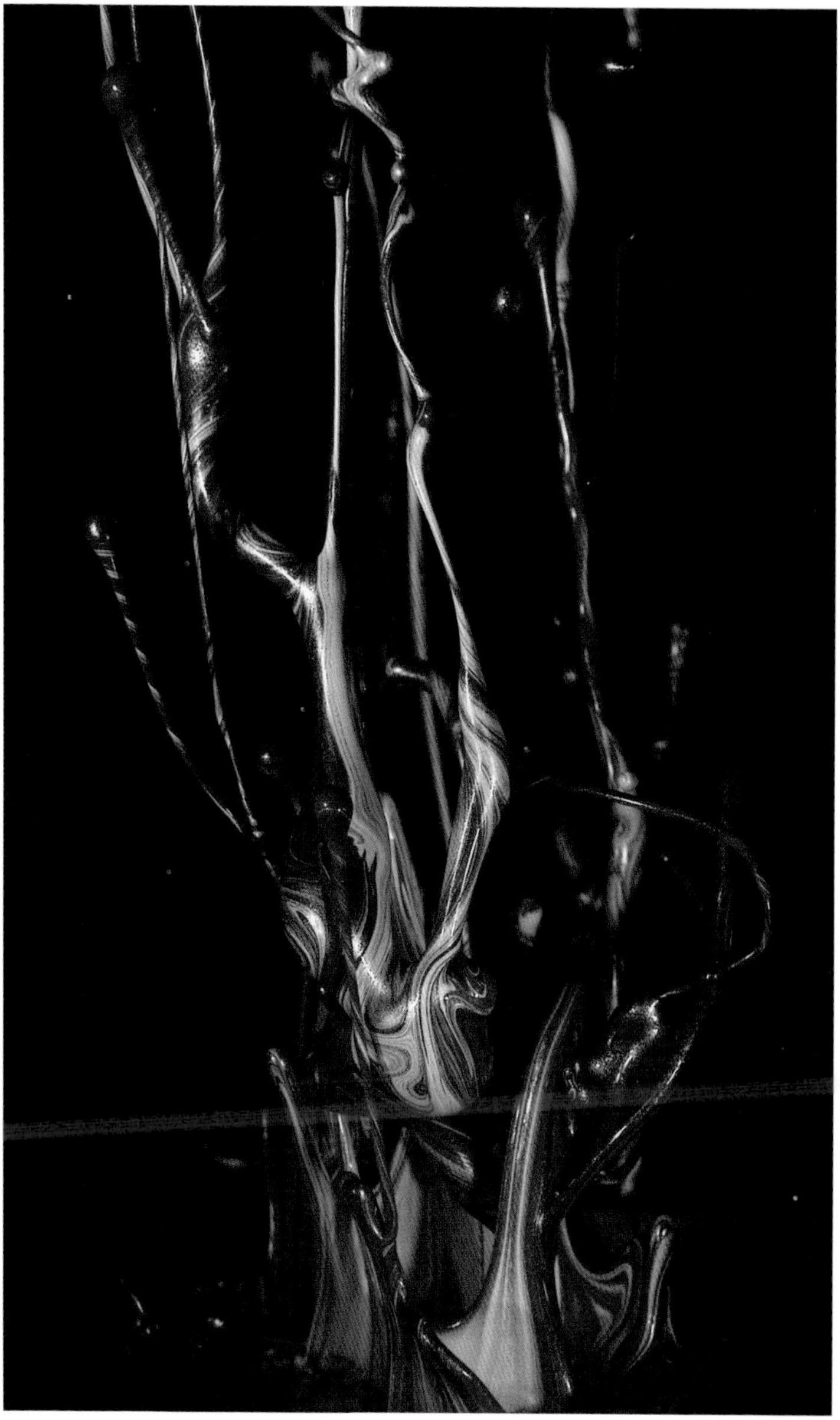

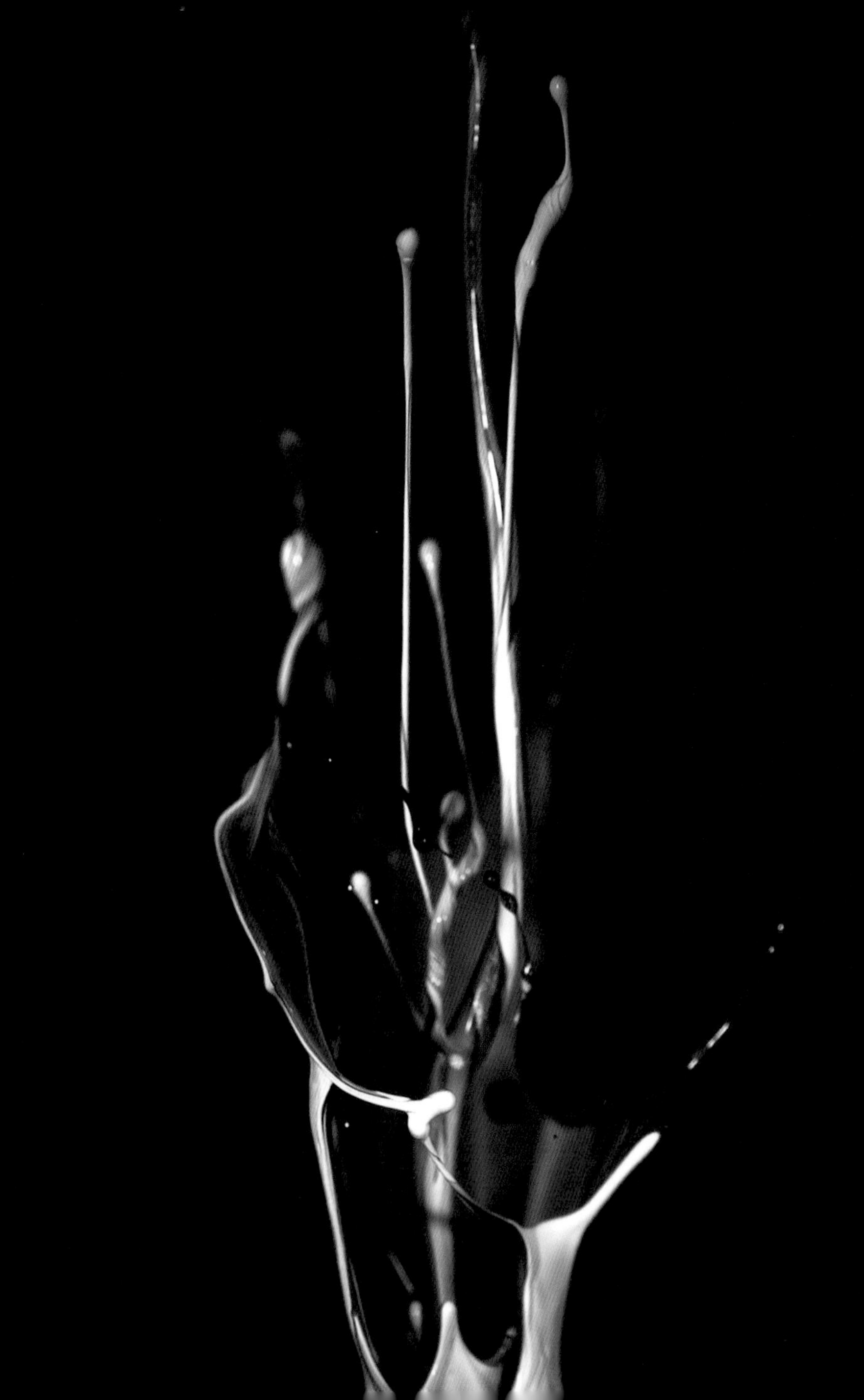

Midnight Moment
AMERICAN EAGLE OUTFITTERS
DRINK
THE BEST MUSICAL OF THIS CENTURY

ニューヨーク・タイムズスクエアにて

二〇一七年四月には、文化庁の文化交流使として一カ月間、毎夜、アメリカ・ニューヨークのタイムズスクエアで六〇台以上のスクリーンを使って『サウンド・オブ・生け花』をプロジェクションマッピングで上映しました。日本の春の花の色を、まだ寒い四月のニューヨークの人々にも楽しんでいただいたのです。

また、二〇二〇年東京オリンピック・パラリンピックに向け、テレビ局と協力して、声援を『サウンド・オブ・生け花』で表現する「サウンドオブパッション」という企画も進めています。『サウンド・オブ・生け花』は、ハイスピードカメラという先端技術を用いた作品ですが、一方でインクが振動で飛び跳ねるアナログな発想で制作しています。また、作品は生け花の「型」を音で生成しています。「生け花」という日本文化から着想を得ているわけですね。ではいったい、どうして私がこんな作品をつくるようになったのか。改めて振り返ってみたいと思います。

アートとは、どんな活動なのか？

人生を豊かにする「技」とは何でしょうか？

その答えは「アート」です。なぜなら、アートはすべての人々に関わる活動だからです。アートの探求から学べることは、私たちが経験から学ぶすべてのことに通じています。すべての文化にアートが宿っています。

アーティストとは、心理的、美学的、政治的、科学的、情念的な断片を集めて、それらに意味や形を与え、思考に具体的なイメージを与えて表現する人のことをいいます。

したがって、**アートとは、単なる自己表現ではありません。**純粋に想像だけから発したものではないのです。私たちは外界からさまざまな情報を大量に受け取っており、それが私たちを形づくっています。情報を解釈する過程で自分が気になることは、自分や他人に対して説明していくことで、理解していきます。つまり、そうした自分の興味の対象が作品制作の原動力となっているのです。

表現されたアートは、巨視的にはやがて文化を形成していきます。

私たちはまず、自分を客観的に見て、自分が得意な情報源は何かを知ることから始めることが重要です。そうすれば、自分が好きな情報源を通して、アートをより深く理解し、感じることができます。

1　ナム・ジュン・パイク(1932-2006)

韓国出身。東京大学卒業後、ドイツに留学し、当時の前衛的な芸術活動フルクサスに参加。テレビやビデオを用いたインスタレーションを数多く発表。「ビデオ・アート」の父と呼ばれている。

時代のタブーに挑んでこそ、真の創造へとつながる

私が本格的にアートに興味を持ったのは、中学生のころだったでしょうか。

当時、美術の教科書に載っていたシュールレアリスムの絵に心を奪われました。サルバドール・ダリの『眠り』という作品を見て、砂漠の蜃気楼の中に忽然《こつぜん》と現れた細い杖《つえ》で不安定に支えられた巨大な顔が不思議で、衝撃を受けて、何度も眺めたのを記憶しています。

シュールレアリスム系の作品は、どれも独特な怪しさに満ちていて、子ども心に「見ちゃいけないものを見た」という背徳感にゾクゾクしました。

もともと絵を描くのは好きでしたが、そのころから、心の中や感情といった〝見えないものを描く〟ということに興味が湧くようになりました。

二〇代になると、**「ビデオ・アート」という、映像と音声を使った芸術**に傾倒していきます。[1]ナム・ジュン・パイクや[2]ピーター・キャンパスといったアーティストたちがおもしろい作品をつくっているのに影響を受け、自分でも作品を手がけ始めました。若気の至りで、当時の映像の先生方が、「やるな」と言っていた映像のタブーを、次々と破ってしま

2　ピーター・キャンパス（1937-）

アメリカ出身のビデオ・アーティスト。最先端の映像技術を応用した実験映像を発表している。彼の作品はMoMA（ニューヨーク近代美術館）をはじめ、アメリカの主要な美術館に所蔵されている。

ったのです。

たとえば『An Expression』という、MoMA（ニューヨーク近代美術館）がコレクションとして所蔵した作品があります。光センサーをつけたモニターに人間の表情が投影されていて、画面が明るくなると低い音、暗くなると高い音が生成されるという作品です。

この作品を通して、たくさんのエフェクトやワイプの形によって、音が複雑に変わっていくことを発見しました。つまり、映像の視覚効果だったエフェクトが、「音の発生装置」に変わっているのです。

ちなみに「デジタル・アート」「ビデオ・アート」などといわれる、デジタルやテクノロジーを活用した芸術は、「ニュー・メディア・アート」というジャンルでくくられています。

私自身は「ニュー・メディア・アーティストになろう」と意図していたわけではないのですが、**歴史の風雪に耐えている芸術文化は、当時の最先端技術でつくられたもの**であることに気づいたことから、情報科学を学び、作品制作をしていたところ、ニュー・メディア・アーティストとして認知されるようになっていったのです。

さて、この『An Expression』という作品こそ、ビデオ制作において、当時二〇代だった私より上の世代が映像制作においてタブー視していた、特殊効果の機械を徹底的に使い、映像を切り刻んだ作品だったのです。その作品が、MoMAのキュレーターから選ばれました。

若い世代が「先生」と呼ばれるような先人たちができないことをやり、時代のタブーに挑んでいくことによって、新しい創造性が生まれていく。そのときこそ、私たちが歴史上の生きた証としての点として存在し、歴史をつくっていくのだということを、この一件で学んだのです。

アートには、お金も余裕も必要だ

ところで、私はアーティストでありながら、どうして工学博士・大学教授としても仕事をしているのでしょうか。

二〇代のころは自由闊達に、演劇、絵画、彫刻、グラフィックデザインといったいろいろな分野に挑戦して、自分の道を模索していました。そして、ビデオ・アートから芸術と科学、コンピューターとアート&テクノロジーの世界にたどり着いたのです。

研究職に就いたきっかけは、誰かがつくったコンピューターソフトの上で創作することは、まるで釈迦《しゃか》の手のひらの上の孫悟空みたいで納得がいかなかったからです。

システムを使うにしても、自分で独自に設計したシステムの上で創作して、新しい発見をしたかったのです。そのために自分の研究室を持って、日々、研究実験を重ねて、ときには学生もゼミや授業に参加させるようにしました。

学問の垣根を越えて他の分野の学者から知見を得たり、コラボレーションをして、一緒に新しいことに挑むには、大学というアカデミアは最高の場所なのです。

同時に、生活のためだけにお金を稼ぐことは嫌いでした。

日本では、アーティストは清貧に甘んじることが美徳とされています。「食べ物を削ってでも絵の具代に回す」「お金がなくてもアートをやり続ける」というイメージがあります。どうかすると「作品を売ってはいけない」みたいな主張さえ耳にします。

けれども、私には清貧思想がありませんでした。「絵の具より食べ物を選びたい」というのが本音です。生存のほうが重要です。**お金があって、余裕があるから芸術が生まれる**のです。若いころはこういう発言をすると怒られるので黙っていましたが、今は時代が変

いわば道具から
自分でつくるってこと!?
カッコイイ!!

わりました。ＡＩ（人工知能）が論理的な仕事をする時代になり、人間には創造力が求められるようになって、アートがやりやすい時代になりました。

そういうわけで、学校の教員をしながら並行して作品を制作していました。専門学校から教員としてのキャリアをスタートし、その後、武蔵野美術大学の映像学科で教えながら、富士通研究所とＡＩの共同研究を始めました。そのころから本格的にＣＧに取り組むようになり、アメリカの学会にも作品を発表するようになりました。

気がついたら、アーティストでありながらも、自分の探究心を満たすために、研究者の道を進んでいったような具合です。

アーティストとしての自分を見失いそうになるときも

振り返ってみると、アーティストと研究者を両立してきてよかったと思います。アーティストは新しいものを生み出す能力にたけている半面、物事を直感的に捉える傾向があります。

これに対して、研究者は物事を論理的に追究していきます。**コンピューターを使うアートでは、このロジカルに考える力が非常に役立った**のです。

ただ、長年にわたって二足のわらじを履き続ける中で、「このまま行くと危ない。アーティストではなくなってしまう！」と危機を感じる場面が何度かありました。

アーティストは「作品をつくってナンボ」という面がありますが、研究者は「論文を書いてナンボ」です。研究者は論文を仕上げるために、いろいろな実験を行います。論文を書いたら、実験はもう「ゴミ」でしかありません。つまり、論文を書くことが目的になると、「ものをつくること」を軽視しがちになるのです。

気がつくと、研究者に囲まれた環境の中で、知らず知らずのうちに研究にハマってしまっている自分がいました。「自分はアートだ」と思っていることについて、周りの人たちが「それは科学技術研究ですよ」と言いだすようになった段階で、何かがおかしいと気づきました。**「アーティストに戻らないかん！」**と目が覚めました。

日本の国立大学の教員をしていると、ものを一つ購入するのにも経理の手続きが必要と

土佐先生の中には
アーティストとしての自分と
研究者としての自分が
いるわけか……

なります。たまりにたまった経理の書類を見ていると、頭が痛くなってきます。そんなときは、「もっと作品をつくることに時間を注ぎたいのに、自分は何をやっているのだろう」と悩みます。

そんな調子で、アーティストと研究者の間を行ったり来たりしながら今も毎日を過ごしています。現在も、一週間のほとんどの時間は、プロジェクトのマネジメントや大学の事務や雑務に追われていて、私が純粋に作品をつくれる時間は、週末のわずかな時間です。

日本を飛び出し、MITのアーティストフェローになるまで

「井の中の蛙《かわず》」とはよくいったものです。

国内にいると気づきにくいのですが、**世界のアート&テクノロジーの研究は、日本のはるか先を進んでいます。**特にメディア・アートの最先端であるアメリカには世界中からアーティストが集まり、「何か新しいことをやろう」という機運に満ちています。

私の世代には、「国際社会で何かをなしとげたいなら、アメリカに行け！」というような風潮がありましたし、当時の私は日本の「欧米ではうんぬん。それに比べて日本は

……」という体質に、うんざりしてもいました。

たとえば一九九〇年代初頭、富士通研究所と当時のニューロコンピューター（人工知能）を使い、人間の声の抑揚から感情を判断して喜怒哀楽を表現する『Neuro-Baby』という作品をつくったときのエピソードです。

それまで私のビデオ・アートを評価してくれていた武蔵野美術大学の教員たちから、「これは作品になっていない。（私の）ビデオ・アートがうまく進んでいるのだから、それを深めるべきだ」と、そろいもそろって酷評を浴びました。

しかし、CGやデジタルコンテンツで国際的によく知られたシーグラフ（SIGGRAPH〈アメリカ情報処理学会コンピューターグラフィックス部会〉）のMachine Cultureという公募展に入選した瞬間から、評価が一変しました。まるで手のひらを返したように賞賛されたときには、怒りを通り越してあきれてしまいました。

あるとき、友人と日本人の価値観について議論したことがあります。友人によると、**日本は遣唐使の時代から、海外の人が評価したものをありがたく受け入れるDNAが根づいている**のだそうです。

今の若い世代を見ていると、そういった価値観は変化しているように思います。しかし、

3　バウハウス

1919年にドイツで設立された、世界初の総合的造形学校。教授陣は建築や絵画などで第一級の人材がそろい、後世のデザインにも大きな影響を与えた。1933年に閉鎖されるが、教授陣の一部はアメリカに渡って、バウハウスの理念を広めていった。

私が若かったころは、まだ遣唐使の時代意識の延長にありました。このまま日本で活動していても、グローバルでは注目されないというジレンマも抱えていました。

そこで私は思いきって、日本を飛び出しました。

有名な「バウハウス」[3]を継承し、教員をしていたジョージ・ケペッシュ[4]が、マサチューセッツ工科大学（MIT）の建築学科に、一九六七年からアート&テクノロジーの研究所(Center for Advanced Visual Studies、CAVS。現在は「Art, Culture & Technology」に名称変更）をつくっていました。

朝日新聞社の坂根巌夫さんの著書『遊びの博物誌』を読んでその事実を知った私は、一九九〇年代ころからこの研究所へ行くべきだと思っていました。

なぜならば、私に大きな影響を与えたアーティストのナム・ジュン・パイクをはじめ、歴代の同研究所のディレクターは、アート&テクノロジー領域の芸術家で、スカイアートでグループゼロをつくったオットー・ピーネ、そして都市や人々が抱える問題をテーマにパブリックプロジェクションを行い、第四回ヒロシマ賞を受賞したクシュシトフ・ウディチコ、そしてMITメディアラボ創設者の一人である物理学者のスティーブ・ベントンなど、錚々《そうそう》たる人たちが名を連ねていたからです。

4　ジョージ・ケペッシュ（1906-2001）

ハンガリー出身の美術家、教育者。ブダペストの王立美術学院に学び、ベルリンで映画等の仕事に従事したあと、渡米。シカゴ・デザイン研究所（ニュー・バウハウス）で教壇に立つ。著書の『視覚言語』はデザイン原理の古典との評価が高い。

しかし、当時私を受け入れてくれたのは、関西文化学術研究都市の国際電気通信基礎技術研究所にできた新しい研究所、知能映像通信研究所（ATR）でした。

ここで七年間、研究者に囲まれつつアート&テクノロジーの研究をしながら、MITへ行く時期をうかがうことになりました。あとから振り返れば、MITへ移籍してから研究にスムーズに打ち込めたのも、ATRで過ごした歳月がよき準備期間となっていたのだと思います。

この七年間で、アート&テクノロジーの研究を博士論文にまとめたり、英語で論文を書いたり、国際会議で発表するなど、さまざまな経験を重ねることができました。すべてが最初からうまくいったわけではありませんが、たくさんの人たちから助言を得ることができ、貴重な時間を過ごすことができました。

幸運なことに、二〇〇一年に文化庁芸術家在外研修制度の助成金を得てATRを卒業し、三カ月間だけでしたがMIT、CAVSを訪れて、その様子を探ることができました。

MIT、CAVSでは、アーティストフェロー制度があり、応募をしたところ、私は同じ年にアーティストフェローとしてMITに採用されることになったのです。私を採用してくれたときのCAVSの所長（四代目）は、MIT教授のスティーブ・ベントンで、レインボウホログラフィの発明をしたことで有名です。

日本の美意識に目覚めた、禅との出会い

ＭＩＴに行った当初、「このままアメリカで生きていきたい」と考えていました。もう、日本をすっかり捨ててアメリカ人になるつもりでした。今にして思えば若気の至りです。ところが、当たり前の話ですが、アメリカの人たちは私のことを「日本人」として見ます。日本人として作品をつくることを期待します。

私もアメリカで暮らし始めて、「自分が日本人であること」を強く自覚するようになりました。渡米さえすれば、アメリカの文化にもすぐなじめるものと楽観していたのに、なかなかなじめない。服を着るように「今日からアメリカ人になろう」とはいきません。

たとえば、アメリカ人の五歳児が当たり前にやっているようなレベルから、現地の文化に慣れていく必要があります。そのプロセスを経験する中で、「私って日本人だな〜」と実感する機会が何度もありました。**外に出てようやく、自分が日本文化を背負って生きているという事実に気づいたわけです。**

そこから「日本人って何だろう?」「日本の美って何だろう?」と興味を持つようになりました。日本についてあれこれ考えていくうちに、日本にいたときには気づかなかった

〝日本のよさ〟がキラキラと輝いて見えてきたのです。

日本の美に意識が向かい始めたちょうどそのころ、京都国立博物館で雪舟の大回顧展を鑑賞する機会がありました。そこで山水画を見たときに、「これはバーチャルリアリティにできる！」と直感的に思いました。

この経験をヒントに制作したのが、コンピューターによる山水禅『Art of ZEN』です。簡単にいうと、山水画の要素をそれぞれアイコンにして、コンピューターを使って山水画をつくり、自分がつくったデジタル山水画の３Ｄの世界へバーチャルに入っていき、山に行ったり、川に行ったりして、関連する禅問答に向かい応答していくという仕組みです。

普通、「コンピューターで山水画をつくる」というと、ＣＧで筆絵を描けるソフトをつくるといった発想に向かいがちです。ただ、それでは「絵がうまい・へた」がＣＧ上に反映されるだけで、なかなか山水画の境地には到達しません。そこで**アイコンを配置するという、手を介さずに頭で考えたことがダイレクトに絵で表現できる仕組み**を思いつきました。

禅に興味を持つようになってから、鈴木大拙《だいせつ》[5]の『禅とは何か』など、禅に関する本をたくさん読み、しだいに作品が禅的な方向へシフトしていきました。『サウンド・オブ・生

5　鈴木大拙（1870-1966）
金沢出身。苦学して第四高等学校（旧制）に進み、西田幾多郎と親交を結ぶ。上京して鎌倉・円覚寺で参禅。東京大学選科に進学。渡米して出版社に勤め、仏教関係の著作を英訳して刊行。帰国後、大谷大学教授に就任し、仏教思想を海外に紹介した。著書に『日本的霊性』『禅と日本文化』など。

け花』もそういった系統に位置づけられる作品です。

今、私の作品を「禅的である」と評価してくださるのは、建仁寺や妙心寺などのお坊さんです。あえて禅を名乗っているわけではないのに、お坊さんの目から私の作品を見ると禅を感じるのだそうです。おそらく、**禅の特徴である同じものが二度とできない、一期一会の作品**だからではないでしょうか。

自然界の「隠された美」の発見

コンピューターを使って禅を体感するインタラクティブ作品をつくっていたころ、作品の説明を観客にすると、その説明だけで納得してしまい、インタラクションをせずに去っていく人が多いことに気がつきました。

CGをどれだけ究めても、考えたとおりにできることを目標としているので、「想定外」の事態は起こりません。

一時期はまったく創作意欲を失い、もんもんとした日々が続きます。自分をリセットするために、もう一度、紙に手で絵を描くところからやり直しを図りました。

ＣＧやインタラクティブ技術を使って作品をつくることをやめたあと、スチールカメラやビデオカメラ、ハイスピードカメラで撮影し、自然界や物理的な世界に目を向けるようになりました。やがて、先端技術であるハイスピードカメラで撮影した、裸眼では見えない美しい自然の姿を発見したことから、**「もっと自然の中から美を取り出したい」**と思うようになったのです。

人間は、自然をコントロールすることができません。だから想定外が起こりえます。

「この自然の中に隠された美を究めてみよう」

私の心境に変化が起きました。

しかし、このような境界領域は、道のない道を歩くようなものですから、すぐにうまくいくことなどありません。私がいつも感じていたのは、「これはひょっとしたら、おもしろい発見かもしれない」という直感のようなものでした。

『サウンド・オブ・生け花』も、自然の中から日本文化の「型」を見つけ出すという発想から生まれました。

これはもともと、「ミルククラウン」のインプレッションから着想したものです。ミル

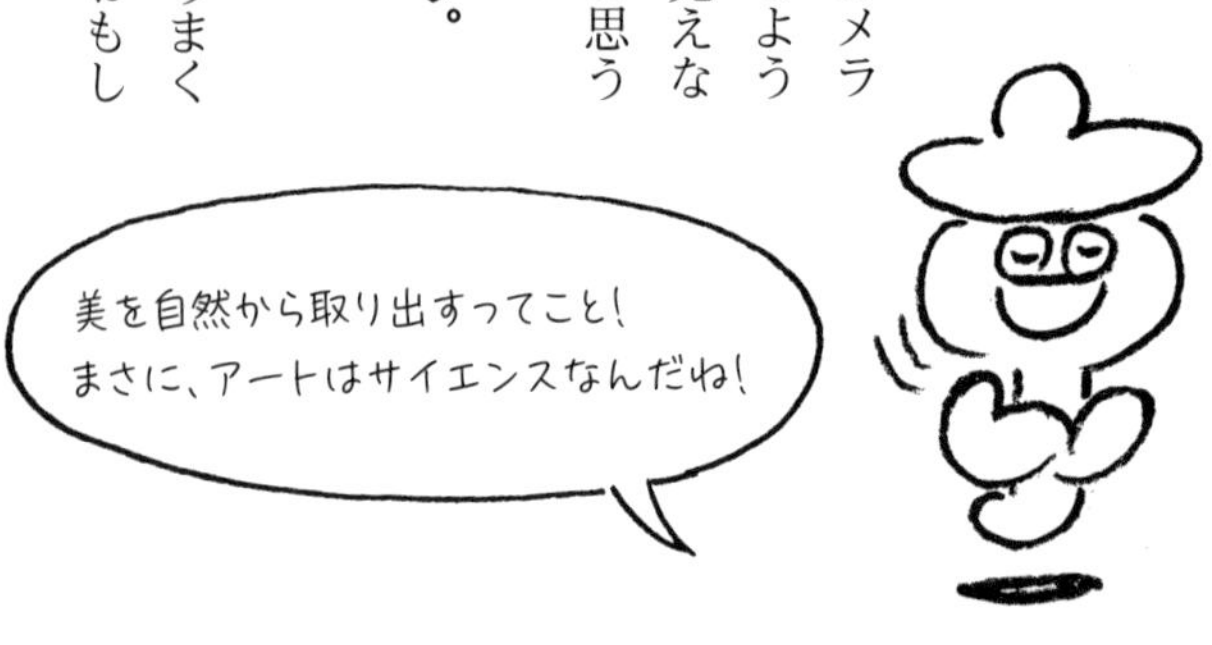
美を自然から取り出すってこと！
まさに、アートはサイエンスなんだね！

ククラウンとは、牛乳を一滴垂らしたときにできる王冠のような形です。

「音の振動で流体の造形をつくる」という仕組みを思いついたものの、実際に試してみると液体は汚く飛び散るばかりで、なかなかアートになりません。最初は、学生や助手たちも協力してくれていたのに、しだいに愛想を尽かされてしまいました。最後の最後は、「これでダメだったらあきらめよう」と心細さを胸に一人でやっていました（笑）。

結局、一人残された私だけが「もうちょっと、なんとかならないかな」と思いつつ、あれこれ試行錯誤を続けていたのです。

あるとき、**間違えて絵の具の量を入れすぎたところ、偶然にもうまくいきました！** 液体の動きの中に生け花の「型」が見つかり、アートとして成立した瞬間でした。

やっぱり〝間違い〟って大事です。

「間違い」という偶然から、
新しい発見が！
これぞ、セレンディピティ!!

「失敗」を表に出さないアート、表に出す学問

研究者はアナライズ（分析）をする人であり、アーティストはインテグレーション（統合）をする人。現代では両者には大きな隔たりがあります。

私もインテグレーションはするのですが、そのやり方は純粋に絵を描く人たちとは違う気がしています。

私の作品の始まりは、ほぼ「実験」です。

「正確に実験をする」ということを最重要視しています。

『サウンド・オブ・生け花』を例に挙げると、当初は人の肉声で絵の具に振動を与えていました。そのうちに、声を出す人が長時間の実験に耐えられなくなったので、コンピューターでサインウエーブ（正弦波）をつくり、パラメーターで周波数を変えながら最適な振動を模索していきました。そのときのデータは、逐一エクセルに集計していきます。

まさに実験です。ですから、美大生よりも理系の学生のほうが私の助手には向いている

のです。

では、どこがアートなのでしょうか。それは、**最初のコンセプトと、撮影した映像を編集して、仕上げていく段階**です。

「この飛び散りの映像を、日本の四季に見立てよう」などと考えているときには、アートをしているわけです。

アートと学問には相互作用があります。

アートは「失敗」を表に出しません。発表するのは成功した作品だけ。失敗作を発表するという概念がないのです。

一方、**工学の世界では、失敗を公にします。**「○○した結果、間違いました」という失敗の過程を論文にまとめます。それはあとから学ぶ人たちにとって、同じ間違いを犯さないためにも意味のある情報だからです。

私は学問に取り組んでいたことで、**失敗をポジティブに捉え、分析しながら実験を繰り返す習性が身についていました。**それが『サウンド・オブ・生け花』のような作品に結実しているると思うのです。

作品をつくるとき、私が意識していること

これまで、作品をつくるときには、**「その時代の最先端技術を使う」**ということを意識してきました。

現在まで時を経て残っている文化芸術遺産の多くは、当時の最先端技術を使ってつくられています。エジプトのピラミッドや奈良の大仏などもそうです。私も、そんな**次の時代に残るような仕事**をしたいと思っています。

また、**「歴史と結びつくものをつくる」**ことも重視しています。トラディショナルなものと新しいものをつなげる温故知新。それが私の役割だと自覚しています。

そしてこれからは、**「メディアを乗り越える作品」**にチャレンジしたいですね。

たとえば今、私はガラスを使った作品を制作しています。ガラスというメディアには「光を通す」「光が屈折する」といった特性があります。つまり、「光」という要素では、私がこれまで関わってきた「映像」というメディアとつながっています。

とはいえ、やはり「ガラス」と「映像」にはへだたりがあります。そのギャップを埋め

たところに作品を見いだしたいと考えているのです。

具体的には、ガラスに対して映像を当てると、非常に複雑な屈折をします。その映像をLEDの光に置き換えて、アートの照明をつくるようなイメージです。

アーティストであり続けるために、私が捨てたこと

スティーブ・ジョブズは「三日間考えてやりたくないと思ったことは、やらないほうがいい」という趣旨の発言をしています。それは「自分の人生の中で、自分が主人公になっているかどうかを見ろ」という禅の問答に通じるものがあります。

私はMITにいたときに『Art of ZEN』というコンピューターによる山水禅システムを追究し続けた結果、私にとっても禅は生き方の中核に位置づけられるまでになりました。

私も、**やりたいことをやるために、いらないものをどんどん捨ててきました。**

たとえば、京都大学では教授からステップダウンして特定教授になりました。教授としての力を持つことより、**アーティストとしての研究活動を優先したい**との気持ちからです。

京都大学に着任した当初は、大学の業務として、MITから始まった教育の情報化の流れを受けて、京都大学の授業をインターネット上で公開するオープンコースウエア（OCW）と、MOOC《ムーク》[6]（大規模公開オンライン講座）の一つであるedX《エデックス》（MITとハーバード大学が中心となって設立されたMOOCのプラットフォーム）を京都大学に根づかせるための基礎をつくりました。私はこの業務を一三年間、担当していました。

アーティスト精神は、何もないところに新しい価値を生み出しますから、これは創造性が役に立ったと思います。このような大学業務とアートの研究教育を一緒にやっていたのです。

しかし、時間は限られています。私の中でだんだん「自分の生き方を変えたい」という思いが強くなってきました。そこで、後任を託せる部下がしっかり育ったあと、所属の長に「辞めたい」と申し出たのです。部下全員を残して、京都大学の部局でアートを取り扱っている総合生存学館に私一人で移りました。

若いころの私は、こんなふうに割り切った決断ができませんでした。「ガタガタ言わずに、言われたことはやる」が、私たちの世代の女性にとっての処世訓でした。

でも、今はもう時代が変わりましたし、**嫌なことはキッパリ「嫌」と主張しないと、進**

6 MOOC
インターネット上で公開されている、無料のオンライン講座。アメリカのスタンフォード大学やハーバード大学の講義が受けられ、課題等をクリアすれば修了証も発行される。

むべき道が開きません。

ステップダウンをした分だけ、私はアートをする自由を得ました。やはり、何かを捨てないと新しいものは得られません。

今では、深めたアートを社会実装[7]することや、アートという考え方を応用して、これまで存在しなかった価値を創造的に生むアートイノベーションを、産学共同講座の教授として推進しています。

ＯＣＷ業務を通して京都大学についてさまざまなことを学び、分野を超えてたくさんの先生方と知り合うことができました。公開講座である「京大変人講座」を始めた酒井敏先生と最初にお会いしたのも、実はＯＣＷがきっかけです。こうした経験や出会いが、その後の京都大学でのアート＆テクノロジー研究に確実に生かされているのです。

京都大学には、文理融合型で一流のクリエイティブな才能を持った先生方と優秀な学生たちがそろっています。

日本で最初にノーベル物理学賞を受賞した湯川秀樹先生のように、卓越した優秀な研究者ほど、アートに強く、深い関心を持っている方が多く、教養としてアートに親しんでおられます。

7　社会実装
大学などの研究機関で創出された知見や研究結果を、社会が抱える諸課題の解決に適用すること。

そのような研究者と、誰もまだ踏み入れたことのないアート&テクノロジーの世界に乗り出して、ドキドキするような作品を実験し、研究していきたい。さらに、それらを学生たちと一緒に体験することで、新しい学びを共有する。

私はそのために、京都大学にいるのです。

エッジを歩くと、アートの鉱脈が見つかる

偉大な発明というものは、絶対につながらないような遠いもの・意外なものをつなげることによって誕生しています。端的にいうとｉＰＳ細胞などもそうです。

この**「遠いものをつなげる力」**のもととなるのは知識です。けれども、知識があるだけでは不十分。両者をつなげるための**「飛び越えて考える力」**というものが欠かせません。

新しいものをつくるにあたっては、この飛び越えて考える力というものが、これからますます重要になると考えています。

もしかすると、それに気づいたのも、私がアーティストと研究者の二足のわらじを履い

「遠いものをつなげる力」と
「飛び越えて考える力」、
大事なキーワードだ！

ているからかもしれません。

思い返すと、私は常に二つのものを一つにするような領域で、仕事をしてきたように思います。**二つの性質が違うもののはざまでアートを生み出す**ようなイメージです。

言い方を換えると、私がやっているのは**エッジを歩く**ということ。二つのもののどちらにも完全に行かない、誰も踏み荒らしていないエッジの部分を歩くことに、おもしろさを感じています。

もちろんエッジを歩くのは大変です。リスクを伴います。

しかし、**そこにしか私が興味のあるアートの鉱脈はありません。**なぜなら、今みんなが「おもしろい」と言っていることはもう終わっていて、それ以上のおもしろさがないからです。アートや研究に関わる人は、常に〝誰もまだやっていないこと〟を狙っていく必要があるのです。

……と、ここまでお話ししてきて、重要なことに気づきました。私の活動の原点が両親にあったという事実です。

私の父親はエンジニアで、工作機械を販売する会社を経営していました。母はアートが得意で、絵を描くのが好きな人でした。

私は両親から受け継いだ遺伝子のまま、「アート&テクノロジー」という分野に進んだともいえそうです。まさに二つのものが一つになったのが私なのです。

最後になんだか身も蓋《ふた》もない話になりましたが、人生は案外単純な原理でできているのかもしれません。そう考えると納得がいきますよね。

KYOTO UNIVERSITY

土佐先生の
新しい発想のヒント

✧歴史の中で残っている多くの芸術作品には、その時代の最先端技術が使われている

✧アートとは、単なる自己表現ではなく、時代の表現であり、時代を超越した表現

✧リスクをとり、タブーを破らなければ、真の創造性は発揮できない

✧アートとは、ものの見方を変える価値の創造

講座を振り返って

越前屋　土佐先生の原点がお父さんとお母さんにあるという話を聞いて、すべてがつながった気がしました。もう**土佐先生は子どものころからエッジを歩いてきた**わけですね。

土佐　子どものころと言えば、小学校一年生のときかな。カトリック系の小学校で、シスターが「神が人間をつくった」とかいろいろ教えてくれるんですけど、それを聞いて**「違います！　サルから進化したものです！」って反論しちゃった。**六歳の子どもですから、ＴＰＯがわからなかったんですね。

越前屋　六歳でよくそういう発言が飛び出しましたね！　それでどうなったんですか？

土佐　今でも忘れません。廊下に立たされたんですよ！　大人から見てめんどうくさい子だったんですね、たぶん。

越前屋　ハハハハ！

土佐　本当は私の意見に賛同する子も何人かいたのに、結局最後まで言い張ったのは私だけ。一人で立たされたんです。シスターもいい大人なのに、もう！

越前屋　なるほど。そこから**土佐先生は真理と戦い始めた**というわけですね。

土佐　たしかにそのころから今に通じている感覚はありますね。あと、昔からボーッとしていて、三回くらい交通事故に遭っているんです。横断歩道を青信号で歩いているのに、ボーッとしているからクルマにひかれてしまう。

越前屋　ええ～!?　もしかしたら、先生がいろいろと考えごとをして〝無〟になっていたから、ドライバーから見えなかったとか。

土佐　うーん、見えてなかったのかもしれないですね。まあでも、**ボーッとするのは大事だ**と思いますよ、本当に。私、中学・高校のころは、あだ名が「ボケ」って言われるぐらいボーッとしていたんですよ。今思えばそれがよかったな、と。

越前屋　そのボーッとしているというのは、思考を停止させているんですか？

土佐　いや、**違う世界に行ってる**んです。もう**完全に自分の世界に入り込んでいました。**その時間は幸せでしたね。

越前屋　やっぱりアーティストには、そういう時間が必要なんですね？

土佐　そうですね。人生で何かを達成すると決めたら、環境にまどわされることなく、プライオリティを決めて、一人でボーッとする時間は絶対的に必要です。ただ、今は、**ボーッとしながら自分の内なる声を聞く時間**をつくれないのが悩みなんです。

越前屋　自分の声を聞くためのきっかけって、どうやってつくるんですか？

土佐　私のアート活動のもう一つの拠点であるニューヨークに二週間行くようなとき、飛行機に乗った瞬間にスイッチが切り替わる。そこで**「あぁ、本来やるべきことはこれだった」「こういうことやりたかったなあ」**と思い出すんです。

越前屋　僕も、取材先のインドのホテルでそんな時間を過ごしていた経験があります。日本に帰ってくると、ややこしいことがいっぱいあって、ボーッとできないんですよね。

土佐　そうそう。いろんな雑務や段取りごとに追われていると、自分の声が消えてしまうんです。だから、**自分の心底《しんてい》にある気持ちを聞くことは大事だ**と思いますね。

越前屋　なるほど、本当の自分の声に出会う。大切なことですね。

BOOK GUIDE
土佐先生のお薦めブックガイド

『禅とは何か』
鈴木大拙著　角川ソフィア文庫
日本語で禅の本を読もうとすると、著者によってさまざまな解釈があるため、わかりにくく感じたり、混乱することもあります。しかし本書は、「禅とは何か」ということを日英対訳で「明快」に教えてくれる、一番わかりやすい本です。

『ヴィジュアル・アナロジー――つなぐ技術としての人間意識』
バーバラ・M・スタフォード 著　産業図書
歴史的には「素晴らしい」と評価されているが、実際に見てみると「わけがわからない」「自分には関係ない」と思わされる芸術作品が、一般の人にとっては多く存在していると思います。本書はそうした作品の意味や意図を、さまざまなアナロジーを使って、おもしろく解き明かしてくれます。本書を読んでいると、芸術作品を通して、時空間の世界と自分がつながっているんだと合点がいくことでしょう。

『Cross-Cultural Computing: An Artist's Journey』
Naoko Tosa（土佐尚子）著　Springer-Verlag London
ご存じ、学術書出版社として有名なSpringer。Cutting Edgeな国民性も備え持つイギリスの編集者にカルチュラルコンピューティングの本を出したいと尋ねると、そのようなシリーズはないから、出版できないと言われました。考えあぐねていたところ、「ないならば、つくればよいのだ」と思い、カルチュラルコンピューティングシリーズの本をつくりましょうと企画を提案すると、編集者が動いて、Human Computer Interactionの分野に、カルチュラルコンピューティングシリーズをつくり、その学術分野を担当する学者も現れ、企画が通って実現しました。内容的には、私の自伝的学術書。アート＆テクノロジー分野を深めたい人にお薦めの本です。

コラム 変人への道

京大における「変人」とは？ 前編

酒井 敏（京大変人講座 発起人）
×

伊勢田哲治（文学研究科 准教授）
×

越前屋俵太（京大変人講座 ディレクター兼ナビゲーター）

越前屋　私たちは、これまで「京大変人講座」というタイトルで数々の講座を行ってきたわけですけど、京大の先生には「変人」という自覚はあるんでしょうか？

伊勢田　自分のことを「変人」と言う人はあまりいませんが、**「外から見たら変人なんだろうな」という認識は結構持っている**と思います。

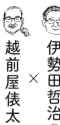

酒井　伝統的に「変人」と言われてますね。

越前屋　お二人が学生のころは、どんな先生がいらっしゃったんですか？

伊勢田　私の知っている先生では、研究室にズブロッカの空き瓶が並んでいる先生がいらっしゃいました。

越前屋　空き瓶？　まさか、瓶のコレクターじゃないですよね？

伊勢田　ではないです。他にも、修士論文以降、ほとんど論文がなかったのに京大に雇われた先生とか、年に一度しか大学に出てこない助手とか……。

越前屋　それは「研究が変わっている」というよりも……。

伊勢田　まあ、いろいろな方がいらっしゃいましたね。

さすが京大！　建物まで変人だった!?

酒井　研究室の話でいくと、ほとんどゴミ屋敷になっている先生もいましたね。ゴミ収集の日になると、必ず何かしら拾ってくるんですよ。化学の先生でしたけど、本とガラクタが、研究室の天井まで積み上がっていました。

越前屋　その先生にとってはゴミじゃないんでしょうね。

酒井　結局は使えないようなものばかりなんですけど、「何かに使える」と思って拾ってくるんですね。今の時代「お金がない、ない」と言っているけど、**昔の大学は、はるかに貧乏でした**から。たとえば、理学部で貴重な植物の標本を保管している倉庫が雨漏りしているのに、お金がないから直せなかった。当時、そのことをイギリスのＢＢＣ（英国放送協会）がすっぱ抜いて報じたんです。ちょっとした騒ぎになりましたね。

伊勢田　似たような話は、文学部にもあります。昔は文学部の建物って二階建てだったんですけど、その中になぜか四階建ての図書館があったんです。

越前屋　ええ!?　二階建てなのにどうして？

伊勢田　図書館の部分だけ層を細かく割って、むりやり四階建てにつくり直していたんです。要するに、スペースがないのに本はたくさんあるから、そうせざるをえなかった。そうしたら「京大の本が大変なことになっている」と何かで報道されて、結果、今建っている八階建ての建物を建てる予算がついたという話です。

越前屋　拾ってきたものを使おうとしたり、無理やり二階建てを四階建てにしたり、そういう時代があったわけだ。

酒井　そうそう。そのころ、実験でビーカー代わりに「ワンカップ大関」のあのカップを使っている生物の先生がいました。本人いわく「目盛りが正確だから、これが使いやすいんだ」ってことらしいんですよ。

越前屋　五〇ミリリットルとか一〇〇ミリリットルの目盛りがついていて便利、ということですね。

酒井　で、そのときの研究で開発した手法に「オオゼキ」という名前をつけた。そんな噂もあります。

越前屋　なるほど、それは半端ない！　酒井さんなどは、完全にその遺伝子を引き継いでおられますね。家庭用のホットプレートを使って研究されているわけですからね。

酒井　授業で赤外線の実験をするとき、普通はキャンプ用のバーナーを使うんですけど、教室は火気厳禁の場合が多い。そこで、ＩＨクッキングヒーターとティファールのフライパンを買ったんです。公費で買うので、申請をするときには「赤外線発生装置です」と。

越前屋　赤外線発生装置！

酒井　お金さえ出せば、もちろん本物の「赤外線発生装置」というのを業者に発注できるわけです。でも、それだとゼロが二つぐらい多くなってしまう。だったらＩＨクッキングヒーターとティファールのフライパンでいけるだろう、と。でも、ティファールを買えたのも、昔と比べてそこそこ金回りがよくなっているからで……。

越前屋　「ティファールを買うお金もなかったの!?」って思われるけど、実際そうだったんでしょうね。

酒井　だから、昔は拾ってきたものを使うなんて当たり前だったわけです。普通の人から見たら、それが変人に見えるってことなんでしょうけど。

越前屋　でも、当時の先生方は、そうやって拾ってきたものを使うことを、むしろ楽しんでたんでしょうね。

酒井　ガラクタを拾ってきて、研究がうまくいったら楽しい。だって、お金をたくさん使ってうまくいくって、当たり前じゃないですか。

他人と違う研究をするのが、おもしろい！

越前屋　**そういう研究者魂が、京大には伝統的にあった**ということですね。では、研究内容で「変人」らしい要素というと、いかがですか？

伊勢田　文系の場合、「なんでこんなことやってるの？」って言われるような研究テーマを選ぶ方がいらっしゃいます。「自分の興味に従った結果、誰もやらないような研究をしてしまう」みたいなところがあります。で、他の人にはあんまり価値がわかってもらえない……。

越前屋　そもそも、研究者というのは、どんな研究をしても許されるんですか？

伊勢田　哲学系だと研究テーマを先生に指定されることはまずないので、論文を書きさえすればテーマは自由度が高いと思います。

酒井　最近も、「パズル学」で学位をとった東田（大志）君みたいな学生がいます。パズル学なんて、もともと存在しなかったわけですから。

越前屋　ちゃんと学問として考察して論文を書けば、立派な「パズル学」として成立する。考えてみれば、東田さんもれっきとした「変人」ですね。

酒井　「研究」って言うとなんかかっこいいイメージがあると思いますけど、**たぶん本人は、勝手におもしろがってやっているだけ**なんです。

越前屋　変人たちは「ねばならぬ」で動いているわけじゃなくて、ニコニコしながら研究してるわけだ。

伊勢田　周りの人とか指導教員が「それは研究じゃないよ」と止めたりすれば、「もっとスタンダードな研究をしよう」と考えるかもしれません。でも、**京大では他の人と違うことをやっているのを見たら「おう、おもしろいからやれよ」「いいじゃん！　いいじゃん！」と、むしろあおるような場合もあります。**

越前屋　そうか！　みんな止めないんだ。そういう意味では、京大は治外法権なのかもしれないですね。

酒井　もちろん「そんな研究に何の意味があるんだ？」と言い出す人も、いることはいます。だけど、そういう人たちに大きな力があるわけでもない。だから、あれこれ言われても「そんなもん放っておけばいいんだ」と、突っぱねることができるんです。

伊勢田　たしかに、そういうところがありますね。

京大入学後に、新しい可能性に目覚めていく

酒井　京大って、昔は、ある意味孤立していたわけですよ。入学してしばらくすると、なんというか**「社会からどんどん隔絶されていく感」みたいなものを感じる**ようになる。

伊勢田　まず、ものの考え方がずれるんですよ。だから、しばらくぶりに高校時代の友達と会って話をすると、まるで会話がかみ合わなくなる。

酒井　うん。友達同士って、別にしゃべらなくても気持ちが伝わることがあるじゃないですか。それが、伝わらなくなってくるわけです。そして自分が、**「他の人と違う方向に行っている感」**を感じるようになる。自分だけ「社会の裏側を見るようになっちゃった」みたいな。

越前屋　あぁ。ちょっと、わかりますね。同じ物事でも、違う角度から見たら全然違うんだよ、と。たとえば、みなさんはテレビを視聴者として見ているわけですけど、僕らはつくっている側だから、見えている景色がまるっきり違うんです。

伊勢田　たしかにそういう感覚ってありますね。それに近いのかもしれない。

酒井　そう。ある意味、**「世の中の見てはいけない部分を見始めてしまった」**というか、**「普通とは違う世界に来ちゃった」**というか……。

越前屋　そういう入り口から「変人」が徐々につくられていくわけですね。

酒井　**「他の人から見たら違う感覚を自分が持ち始めた」というのは、おそらく一、二回生のころに実感する**と思います。それが**京大の文化**なんですよ。別に京大に塀があるわけじゃないんだけど、目に見えない何かがあって、その中にいるだけで染まっていくわけなんです。

伊勢田　別の言い方をすると、目に入るもののバリエーションが広がっていくんです。高校時代までは「高校を卒業したら大学に行って、大学を卒業して就職して……」というのが、普通の生き方だと思ってるわけです。でも、大学に入ったら、「いろいろ違う人がいるんだ」と気づいてくる。

越前屋　違う生き方や可能性があることに、初めて気がつくんですね。

伊勢田　最初から四年で卒業する気がない人とか、学籍があるかどうかもよくわからない人とかが、学内でうろうろしている。

越前屋　高校時代までは管理されて「こうしろ、ああしろ」と言われて育ってきた人が、京大に入って「そんな生き方もアリか！」みたいな発見をすることで、選択肢が増えるというわけだ。

酒井　大学に入ってしばらくすると、**「自分勝手にいろいろやっている人」が輝いて見えてくる**わけです。

越前屋　楽しそうに好きな研究をやっている先生たちを見て、「何だこれは？」と。

伊勢田　先生たちが楽しそうだから、「これでいいんだ」となるわけです。

越前屋　そういうお話を聞いていると、京大は僕が見てきた他の大学とはやっぱり違いますね。

酒井　ところが、そんな京大も今、危なくなってきているんです。

教養部の消滅が、大きな転機に

越前屋　酒井先生は「あ、なんか楽しい雰囲気じゃなくなってきたぞ」という危機をお感じになっているわけですね。それはどうしてなんですか？

酒井　一つのきっかけは、一九九三年に**教養部がなくなった**ことです。

このコラムの後半は、264ページに続きます。

4

宇宙物理学の教室

そうだ！宇宙に行こう！

――手話と学問の意外な関係性

嶺重　慎

理学研究科　教授　宇宙総合学研究ユニット長

子どものころは、宇宙より昆虫に関心があった。学生時代、視覚障害者のために本を読む対面朗読ボランティアに励む。

ブラックホール、この摩訶不思議な世界

ブラックホールのことを、みなさんはどの程度ご存じでしょうか。

「名前は聞いたことがあるけど、実際のところ何なのかと聞かれるとわからない」

「宇宙にあって、いろいろ吸い込んでしまうもの。なんとなく悪者のイメージ」

そんな人が多いかもしれません。

ブラックホールという言葉が使われるようになったのは比較的最近であり、実は一九六〇年代後半になってからのことです。

ただ、ブラックホールの概念そのものは、もっと昔の一八世紀から唱えられていました。イギリスのジョン・マイケル[1]と、フランスの数学者であり天文学者でもあった、ピエール[2]＝シモン・ラプラスが構想したとされています。

たとえば、地球の重力がどんどん強くなったとしましょう。私たちは日ごろ容易に飛び跳ねていますが、重力が強くなると、次第に飛び跳ねるのがしんどくなります。またロケットが地球から飛び出すには秒速一一キロメートルの速さが必要なのですが、重力が強くなると地球を脱出するのに必要な速さがどんどん大きくなります。さらに重力が強くなる

1　ジョン・マイケル（1724-1793）

18世紀のイギリスの科学者。ケンブリッジ大学に学び、同大学で地質学の教授を務める。光が出てくることができないほど、巨大な重力を持つ暗黒の星の存在を示唆する説を述べており、現代のブラックホール理論につながるとして1970年代に再評価された。

と、飛び跳ねるどころか立っていることすらできなくなりますし、地球から飛び出すにはさらに高速が必要となります。もっともっと重力が強くなると、人間もぺしゃんこに潰れてしまい、最終的には光の速さをもってしても外に飛び出せなくなります。いわば**光までも、重力によって引っ張られてしまう**わけです。そんな光すら脱出できなくなって真っ暗になる状況がありうるのではないか、と想像したのです。

当時は近代の「科学者」が登場する前の時代でしたが、ずいぶんユニークなことを考える人がいたものですね。

さて、一九一五年ごろに完成したアインシュタインの一般相対性理論でも、光さえ抜け出せない存在があることがわかりました。とはいうものの、しょせんそれは理論上の産物（頭の中の妄想）、現実に存在するかどうかは別問題でした。

その後、一九三〇年代になってスブラマニアン・チャンドラセカール[3]というインド生まれの宇宙物理学者が、「もしかして本当に、ブラックホールって存在するんじゃないか」と予言しました。しかしその考えに猛反発したのが、留学先のイギリスのケンブリッジ大学教授にして世界的権威のエディントン博士。周りの人たちも（忖度《そんたく》したのか）エディントン教授になびいたため、彼は仲間外れの扱いを受けることとなりました。

2　ピエール=シモン・ラプラス（1749-1827）
18世紀のフランスの数学者、物理学者、天文学者。天体力学と確率論で優れた業績を上げ、『天体力学』や『確率の解析的理論』などの著書がある。木星と土星の運動に生じる乱れを研究し、太陽系の安定性を証明した。太陽系の起源については星雲説を唱えている。ナポレオン１世のもとで内務大臣を務めたこともある。

けれども、その後何十年も経て、「やっぱりブラックホールが存在するらしい」ことがわかってきました。私が学生時代、ブラックホールを研究している人は（変人ぞろいの天文学者からも）変人扱いされていましたが、いまやブラックホールはたくさんあることがわかっていて、多くの研究者が研究しています。むしろ、ブラックホールなしでは天文学は語れないくらいです。

では、ブラックホールとはそもそも何なのでしょうか。

単純な日本語訳に基づいて「黒い穴」だと理解している人も多いのですが、実は「穴」ではありません。**穴ではないけれど、光を含めたすべてのものを吸い込むらしい**、ということはわかっています。

私も実際に行ったことがないのでよくわからないのですが、どうやら本当に吸い込むらしいのです。吸い込まれたら、きっとどこか違う世界に行ってしまうのでしょうが、吸い込まれた先がどうなっているのかも不明です。

たとえば、全宇宙がブラックホールに吸い込まれたらどうなるのか。二つの答えがあります。

一つは、「吸い込まれてみないと、わからない」。科学者には、実証できることしか語ってはいけないというルールがあります。したがって、ブラックホールの中がどうなってい

3　スブラマニアン・チャンドラセカール（1910-1995）

インド・マドラス大学を卒業後、イギリスのケンブリッジ大学やアメリカのシカゴ大学で研究に携わる。数学の天才で、ブラックホールの存在を理論的に指摘したのは19歳のときだった。「チャンドラセカールの限界」として知られる、星の終焉に関する理論でも画期的な業績を残し、ノーベル物理学賞を受賞している。

るかを明確に答えることはできません。二つ目の答えは、「ブラックホールの中に宇宙ができると考えれば、そのまま何も変わらない（こちらは私の妄想です）」。

いずれにしても、**ブラックホールに行こうと考えたら、光の速さでも数千年はかかるので、実際に試すのは難しそう**ですね（妄想するだけにしましょう）。

さて、そんなブラックホール、いったい何のために存在しているのでしょうか。私は研究者として、ブラックホールはきっと何かの役に立っているのだろうと思って、それは何か、日々考えています。私がどのような見解を持っているのかについては、のちほどお話ししたいと思います。

一番小さい学科を選んだら、天文学科だった!?

ここで少しだけ自己紹介をさせてください。

私が研究しているのは宇宙物理学（天文学）です。簡単にいうと、宇宙で起こっているさまざまな現象を物理学の立場から解き明かそうとする学問です。

宇宙を研究している学者は、大きく二通りに分かれます。

たしかに、ブラックホールって、
何のために存在しているのか……？
あらゆるものを吸い込むため？

一つは、「子どものころから宇宙が大好き」という、いわゆる天文少年少女タイプ。親御さんに天体望遠鏡を買ってもらったりして、暇さえあればのぞいていたような人ですね。

そしてもう一つは、あんまり宇宙に興味がなかったタイプ。

「宇宙を研究しているのに、子どものころは宇宙に興味なかったの？」と意外に思われるかもしれませんが、実はそういう人も結構います。かくいう私も典型的な後者のタイプです。

子どものころは、夜、空を見上げても「あー、星が光ってるなー」程度の感想しかありませんでした。というのも、昆虫とか植物など、身近に興味の対象があふれていたからです。チョウやカブトムシを追いかけるのに夢中で、宇宙などこれっぽっちも気にかけずに生きていました。

当時は、ただ楽しいという感覚だけで野山を駆け回っていましたが、後々考えると、それにも意味があったのではないかと感じています。

風の吹き方や川の流れ、雲や木々の形などを見ながら「自然はこういうふうにできている」「世界はこういうふうに成り立っている」というのを理屈以前に感覚的に身につけていたように思います。

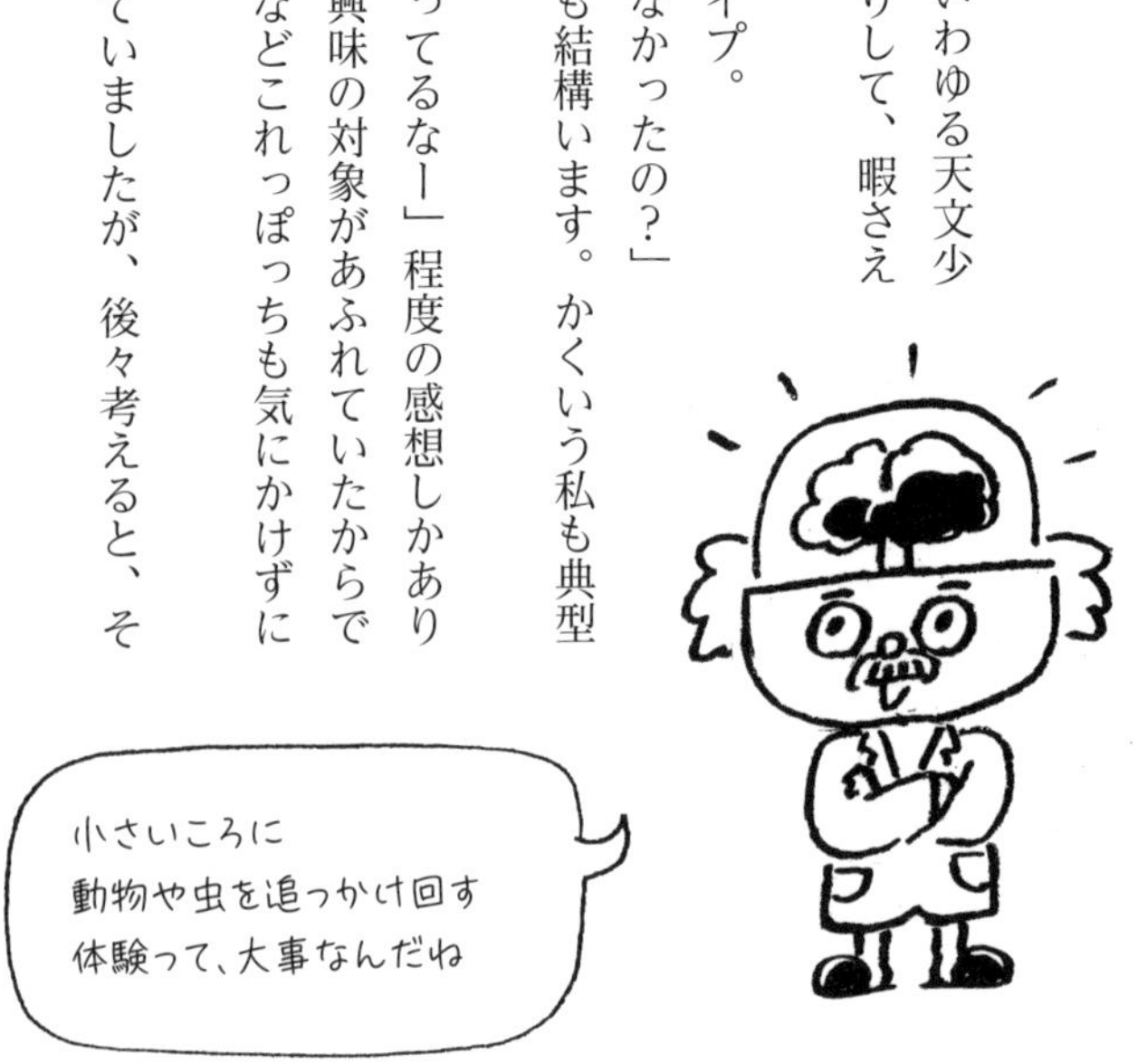
小さいころに
動物や虫を追っかけ回す
体験って、大事なんだね

著名な科学者の多くが子どものころ動物や昆虫、植物好きだったというエピソードは、偶然だけでは説明できません。こういう肌感覚の理解は、科学者が何かを発想するときに少なからず影響を与えているのではないでしょうか。

さて、そんな私が宇宙を学ぶようになったのは大学に入ってから。

とりあえず東京大学の理科一類（工学部や理学部の物理系に進学するコース）には入ったものの、具体的に何を専門に勉強するかを決めかねていました。二年生になっていよいよ専攻を決定するに際し、学部・学科案内のガイドブックを見ながらこう考えました。

「みんなと同じような勉強をするのはおもしろくない。変わったことをしてみたい。そうだ、一番定員が少ない、小さな学科にしよう」

そんなわけで選んだのが、定員わずか六人（当時）の天文学科だったのです。

宇宙にさして知識がないまま天文学科に足を踏み入れたわけですが、宇宙について学ぶのは意外と楽しい経験でした。

ただ、正直に告白すると「なんだかよくわからないけど、おもしろい」という状態がずっと続いていました。先生が教えてくれる知識をひたすら吸収して「こんなこともあるのか！」とおもしろがっていた、といったほうが正確かもしれません。要は、先生に上手に乗せられていたということですね。

イギリスの大学で身につけた「学問のつくり方」

そんな調子で大学院を卒業し、海外で研究員として武者修行する段階になって、ようやく自分の頭で考え始めるようになり、自分でストーリーをつくり上げるおもしろさに目覚めました。

私の海外修業時代の始まりはドイツでした。その後、アメリカ、イギリスの順に渡りました。三つの国は、それぞれ天文研究の分野ではトップクラスの先進国なのですが、それぞれに違った特徴があります。

ドイツ（ミュンヘン）は研究も大事だけど、ウイークエンドライフが非常に充実していて、芸術に精通する研究者も多いのが特徴です。

アメリカは研究者の数も、研究に投入される金額も他国を圧倒的に引き離していました。アメリカでの私は、ドイツ時代とは一転して（ウイークエンドライフを返上で）働き詰めのハードな日々を過ごすことになったのです。

そして、さらに朝から晩まで研究に没頭しているのがイギリスでした。

イギリスのケンブリッジ大学は、天文学の研究に関しては世界最高峰の水準です。ただ、アメリカと決定的に異なるのは貧乏だということ。ケンブリッジ大学の教授でも、給料はアメリカの大学教授の三分の一程度にすぎません（噂です！）。週末には冬でも暖房が切られて、教授もコートを着たまま研究しています（実話です）。

優秀な人材が高額な報酬でアメリカに引き抜かれていくのを横目に、それでもお金では動かない、本物の研究者が必死で日々研究に取り組む。そんな姿が印象に残っています。

特に**ケンブリッジ大学の研究者たちが重視していたのが、幅広く奥深い議論**です。

みなさんは、研究者がどのように学問を構想していると思いますか？　本がうず高く積まれている研究室にこもって、机に向かってストイックに一人じっくり考える。そんなイメージが強いかもしれません。

けれども、実際は違います。ケンブリッジ大学では、午前一一時に「コーヒーの時間」があり、全研究者・学生・ゲストがわらわらと大部屋に集まってきて、お茶を飲みながら三々五々分かれてあれこれと議論をします。セミナーや講義をはさんで、昼食をとりながらも議論。午後四時には、今度はお茶（紅茶）の時間が始まり、またもや議論。

「こんな論文あったけど、あなたはどう思う？」

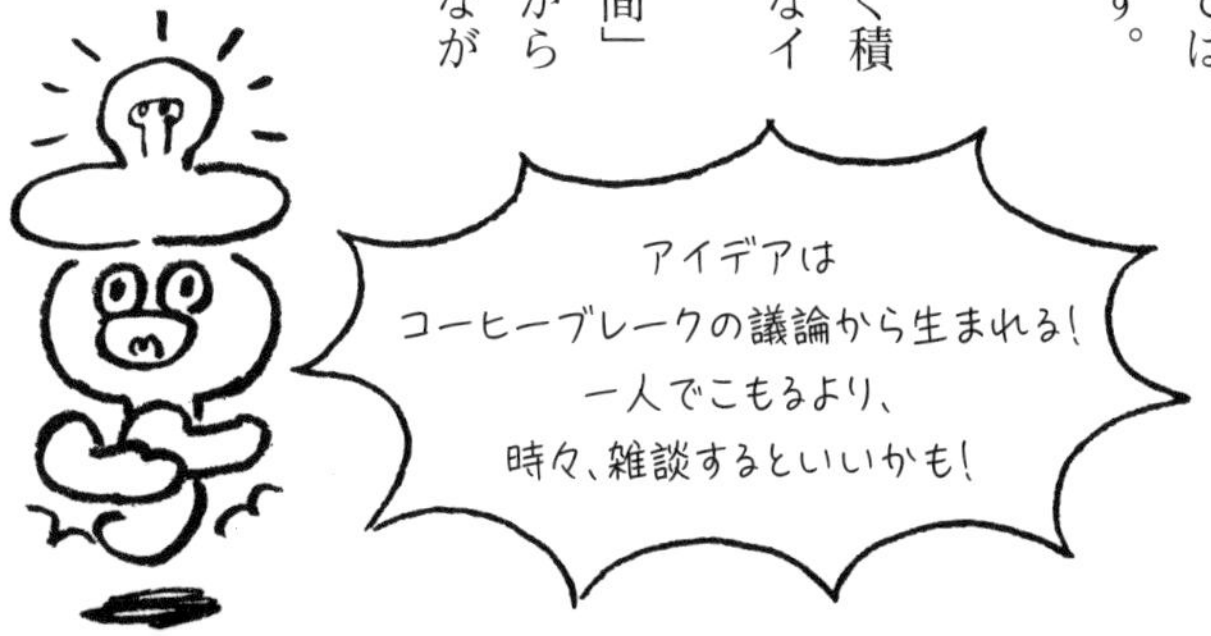
アイデアは
コーヒーブレークの議論から生まれる！
一人でこもるより、
時々、雑談するといいかも！

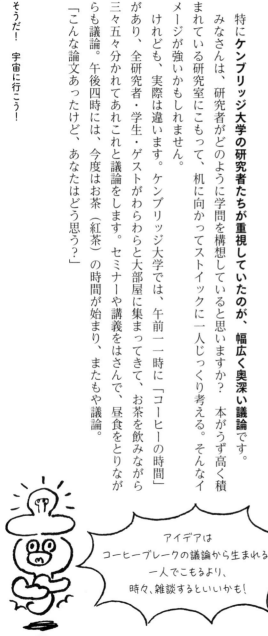

「この観測についてはこう思ったんだけど、どうかな?」

などと**意見交換しているうちに、全然違う考えの持ち主に触発され、アイデアがどんどん浮かんできます。**そのアイデアを持ち帰って一人で検証し、それを次回の議論で提示して反応を確かめる。そうやって学問をしているのです。

私自身、海外で研究をするうちに「学問って、こうやって生まれていくんだ」という感覚を体得できたと思っています。

日本では研究者が忙しすぎるので、なかなか議論の機会をつくることができません。仮に機会をつくったとしても、誰かが突拍子もないアイデアを口にしたとたん、「そんなのムリに決まってるじゃないか」と否定されがちです。せっかく優秀な人がそろっているのに、そこが残念だと感じています。

ともあれ、海外での研究経験を通じて、私は学生時代に自分が宇宙について何がおもしろいと思っていたのかが、だんだん理解できるようになってきました。その域に達するまでに、一〇年近い時間がかかりました。

ついに捉えた！ブラックホールの知られざる姿

話を宇宙へと戻しましょう。

みなさんは**二〇一九年四月に、人類が史上初めてブラックホールの撮影に成功した**というニュースが流れたのを覚えているでしょうか。

「イベント・ホライズン・テレスコープ」（事象の地平面望遠鏡）という国際的なプロジェクトが、世界中の電波望遠鏡をつなぎ合わせて、ついにブラックホールの姿を捉えたことを発表しました。

撮影されたのは、地球から五五〇〇万光年の距離にある、巨大なブラックホール。質量は、太陽の六五億倍にも及びます。

「電波望遠鏡で撮影する」といってもピンとこないかもしれませんが、一言でいうと家庭用の衛星放送と同じ仕組みです。ブラックホールの周りから出ている電波をパラボラアンテナで受け、その電波を電気信号に変え、電気信号をもとに映像に変えます。

ただし、単独の望遠鏡ではブラックホールの姿を見るのは不可能です。なぜなら、巨大なブラックホールといっても、地球からあまりに距離が離れているからです。遠くにあるからとても小さく見えるのです。例えるなら、テレビを月面上に置いて、そのテレビを地球から見ようとするようなもの。

でも、研究者の中にはすごいことを考える人がいるものです。それは、**「地球上にたくさんの望遠鏡を置いて、地球全体を望遠鏡にしてしまおう」**というもの。具体的にはチリやアメリカ（ハワイ・アリゾナ）、スペインといった世界中のあちこちに電波望遠鏡を設置し、そこから得られるデータを集めて画像にしていくのです。

実は、このような国際的な共同研究は、各国の足並みをそろえるのにかなりの苦労を要します。というのも、研究者はみんな「俺こそが一番」と自己主張するのが大好き。ノーベル賞が一つのテーマでの受賞者を最大三人に限定しているので、「他人を蹴落としてでも、自分がとってやる！」というと大げさですが、それに近い人でひしめいています。

特定の国が抜け駆けをすると共同研究が成立しなくなるので、一つの国がリードするのを回避しながら四グループに分かれ、何度も何度も解析を繰り返します。撮影に成功してから記者発表するまでに、なんと二年もの月日がかかっているのです。

このプロジェクトには日本の研究チームも関わっているのですが、残念ながら日本の望遠鏡は今回の観測に関わっていません。そこで日本の立ち位置を例えるなら、相撲の「行

司役」といえるでしょう。ちょっと目を離した途端、バチバチに競争し始めるアメリカやヨーロッパ勢の間に立ち、「まあまあ、ちょっと抑えて。ここは一つ仲よくやりましょうよ」という感じで場を収める役割を日本は担っていると聞きました。いや、正確には、日本チームは単なる行司役ではなく、**画像解析において「リーダー的な役割」を演じている**ことは強調しておきましょう。

ところで、そうやって電波望遠鏡で撮影するにあたり、どうして「巨大なブラックホールがあの辺りにあるはずだ」ということがわかっていたのでしょうか。その理由は、人工衛星に「X線」と呼ばれる、人間には見えない電磁波を捉えることができる望遠鏡を載せ、ブラックホールから出ているX線を捉えていたからです。

特に**ブラックホールの周りからは強いX線が出ています。**それはブラックホールに吸い込まれる前のガスが、発生源であるとされています。ガスが吸い込まれる前には、摩擦のために一〇〇〇万度以上の高温になるのです。

ちなみに、X線が強いところを見て、私たち研究者は「ここにブラックホールがいるんじゃないかな」と言います。ブラックホールが「ある」とは言わずに、「いる」と表現するのです。もっというと、研究者の中にはブラックホールを（親しみを込めて）「彼」「彼女」「あの人」「この人」などと呼ぶ人もいます。

「今日、彼女がこんな光を出しました」

「この人、最近こんな挙動を示したんですよ」

といった会話を当たり前のように交わしています。ブラックホールに人格を認めてしまうほど、親近感を抱いているわけですね。もっとも私の場合は、ブラックホールを「それ」と呼んでいますが……。

ブラックホールが宇宙をつくった⁉

ずいぶんもったいをつけてしまいましたが、お待たせしました！　ここで実際にブラックホールの画像（次ページの写真）をご覧いただくことにしましょう。

リングのように光っているところも含めた全体がブラックホールだと誤解する人もいるのですが、このリングは、ブラックホールに吸い込まれる前のガスが光っている様子を表わしています。**ブラックホール自体は光を出しませんし、周りの光を吸い込んでいるので暗くなっている**のがわかります。

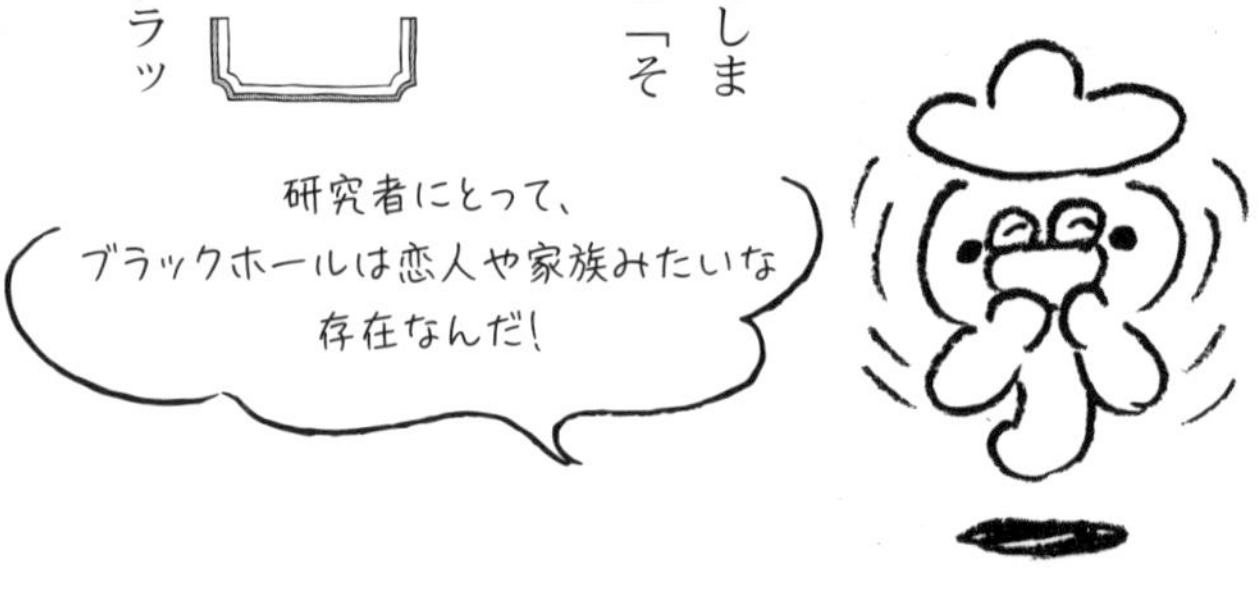
研究者にとって、
ブラックホールは恋人や家族みたいな
存在なんだ！

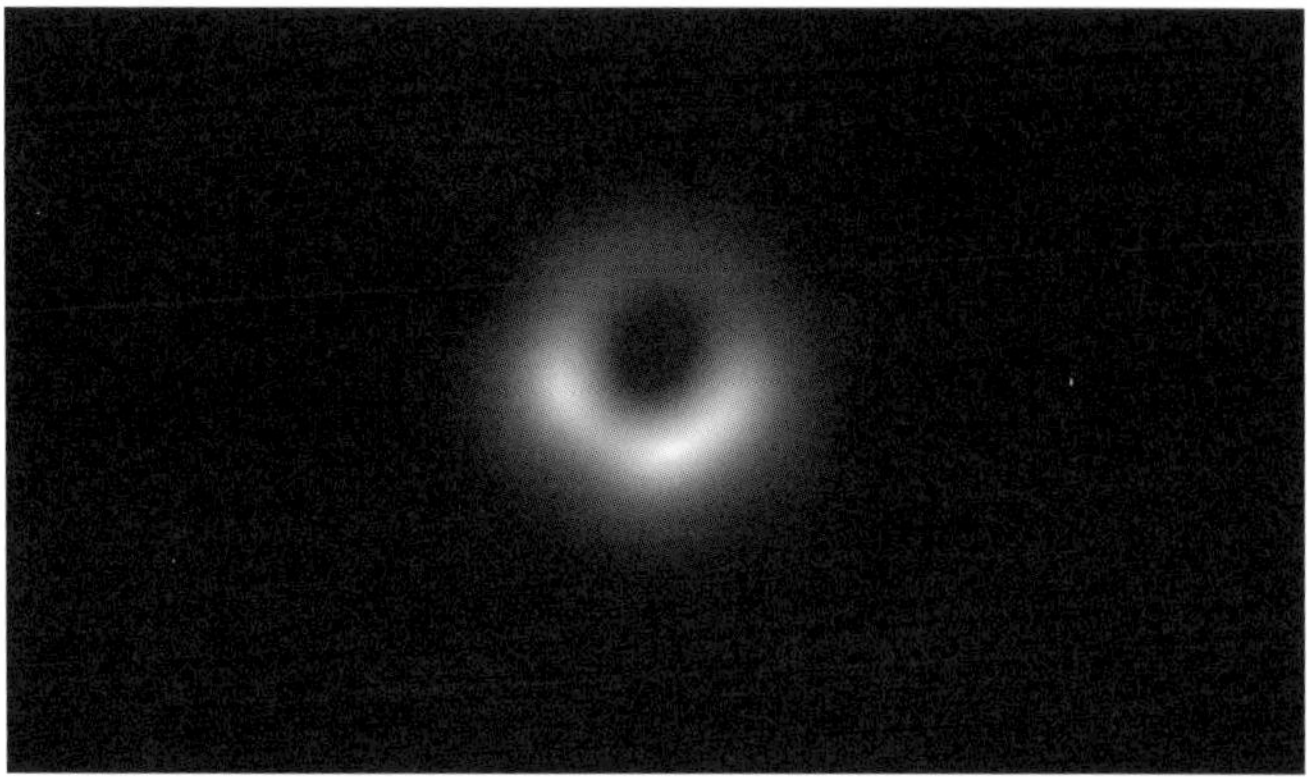

© EHT collaboration

ブラックホールに向かって光を飛ばすと、ブラックホールの重力によって光が曲げられます。光が避けた中心が影になります。だから**「ブラックホールを撮影した」という表現は不正確で、正しくは「ブラックホールの影を撮影した」**ということになります。

今回「イベント・ホライズン・テレスコープ」がブラックホールの撮影に成功した要因の一つは、撮影したブラックホールが巨大だったからです。

宇宙にはたくさんのブラックホールが存在しており、小さいものもあれば、大きいものもあります。「小さい」といっても普通のブラックホールには、街がすっぽり収まるくらいの大きさがあります。

撮影に成功したブラックホールは直径約四〇〇億キロメートル。地球の直径の約三〇〇万倍という巨大さで、太陽系全体を超える大きさがあります。

ところで今回、変人講座に登壇するにあたり、あれこれと変人について思いを巡らしているうちにはたと気づきました。**「ブラックホールこそ、宇宙の変人である！」**と。

宇宙の常人（変人の反対）は誰かといえば、なんといっても太陽です。太陽の光には、明るく健康的なイメージがあります。地球上の命を育む母なる星、太陽であります。一方で、ブラックホールは宇宙の鬼っ子、日陰者です。ただし、ただの役立たずの変人ではなくて、ユニークで重要な働きをしているらしいことがわかっています（変人講座に通暁《つうぎょう》した方なら、「変人」は決して「役立たず」ではないこと、おわかりでしょう）。

冒頭でブラックホールがどんな役割を果たしているかわからない、とお話ししましたが、実は**ブラックホールは大変なエネルギーを出している**ことがわかっています。

しかも強いX線を出したり、「ジェット」という、光の速さほどのすごい勢いでガスを噴き出したりしています。そのため、**ブラックホールは、宇宙に莫大なエネルギーを供給している**のではないか、と考えられています。

いろいろなものを吸い込む代わりに、一〜二割は宇宙にお返しする。例えるなら、大富豪が巨万の富を築く代わりに、財産の一部を寄付という形で世の中に分配している、とい

ブラックホールが
エネルギーを出している!?
吸い込むだけじゃないんだ!

うイメージです。もともと持っているお金（エネルギー）が大きいので、一～二割といっても、拠出するお金（エネルギー）も莫大なのです。

ブラックホールがエネルギーを供給することによって、周りの星のかたまり、宇宙の姿を「整えている」可能性があります。星を形づくる作用があるのかもしれません。

ジェットが宇宙を飛んでいくと、宇宙の中を漂っているガスにぶつかり、ガスを圧縮します。圧縮されたガスは重力を持ち、物質を引き寄せていきます。これが星の誕生につながっていると考えられています。

もしかして私たちの住んでいる銀河も、もとをただせばブラックホールの働きによって生まれたのかもしれません。厳密な証明はまだですが、私はブラックホールは絶対、世の中の役に立っていると確信しています（ちょうど「変人」が世の中の進歩に必要なように）。

太陽系以外の惑星を発見！　そして、生物の存在も……!?

現代天文学は、ブラックホール以外にも、さまざまな領域で成果を生み出しています。

近年の一つの大きな動きは、小惑星探査機「はやぶさ2」をはじめとする太陽系天体の

（無人）探査と、有人月探査の再開、有人火星探査への動きです。現在NASAはアポロ計画以来となる、月の有人着陸プロジェクト「アルテミス」を進行中で、二〇二〇年七月に月の無人周回飛行を行う「アルテミス1」、二〇二二年ごろに有人で周回飛行を行う「アルテミス2」、二〇二八年には「アルテミス3」で史上初となる女性宇宙飛行士の月面着陸を目指しています。さらに、月の近くに構築する宇宙ステーションを足がかりにして、二〇三三年の目標は有人火星探査の実現です。

アルテミスには、日本も参画を決定したと発表されました。日本からも、月面に降り立つ人が出るかもしれないと期待されています。

ひと昔前は、望遠鏡で遠くから宇宙を眺めて研究を進めるスタイルが主流でした。しかし、アポロ計画の月面着陸から五〇年という歳月を経て、再び、人類は地球を飛び出して直接宇宙に向かう方向へとシフトしています。

これは、国の威信をかけた宇宙開発の主導権争いとも大きく関係しています。ただ、やはり「その先に何があるか知りたい」という人間の本能が、背中を押しているのは間違いありません。

そして、最近の画期的な業績といえば、**太陽系外惑星の発見**が挙げられます。

4　ミシェル・ギュスターヴ・マイヨール（1942-）

スイスの天文学者。「太陽系以外にも、惑星は存在するのか？」という根本的な疑問に対して、その存在を発見するという快挙をなしとげた。1995年、当時大学院生だったディディエ・ケローと一緒に、ペガスス座51番星の周囲を4.2日で公転する惑星を発見。「太陽系外惑星」という新たな研究領域を切り開いた。

二〇一九年のノーベル物理学賞は、太陽以外の恒星を周回する惑星を最初に発見したスイス・ジュネーブ大学の[4]ミシェル・マイヨールとジュネーブ大学、イギリス・ケンブリッジ大学のディディエ・ケローに贈られています。

太陽系外の惑星系は、今では五〇〇〇個以上あることがわかっています。その中には、太陽みたいな恒星の周りを、太陽と地球くらいの距離をとって回っている、地球くらいの大きさの惑星もあります。

もしかしたら、その惑星には水や酸素、そして生物（生命体）が存在しているかもしれません。現在、各国が惑星に水があるかどうかを観測する装置をつくっています。もちろん日本も一生懸命頑張っています。

地球にも、もともとは酸素がありませんでしたが、あとから酸素が存在するようになりました。酸素を生み出したのは、生物による光合成です。つまり、水があり、酸素もあるとなると、その星にはかなりの高い確率で生物がいるという仮説が成立します。

現段階で宇宙に生物がいるかどうかは、まだ何一つ証明されていません。いるかもしれないし、いないかもしれない。ただ、宇宙に生物がいるかもしれないと思うと、なんだかワクワクしてきませんか。少なくとも私は、控えめにいっても結構ワクワクしています（もっとも、私も公式な場では「見つかるまでは、なんとも言えません」と言ってます）。

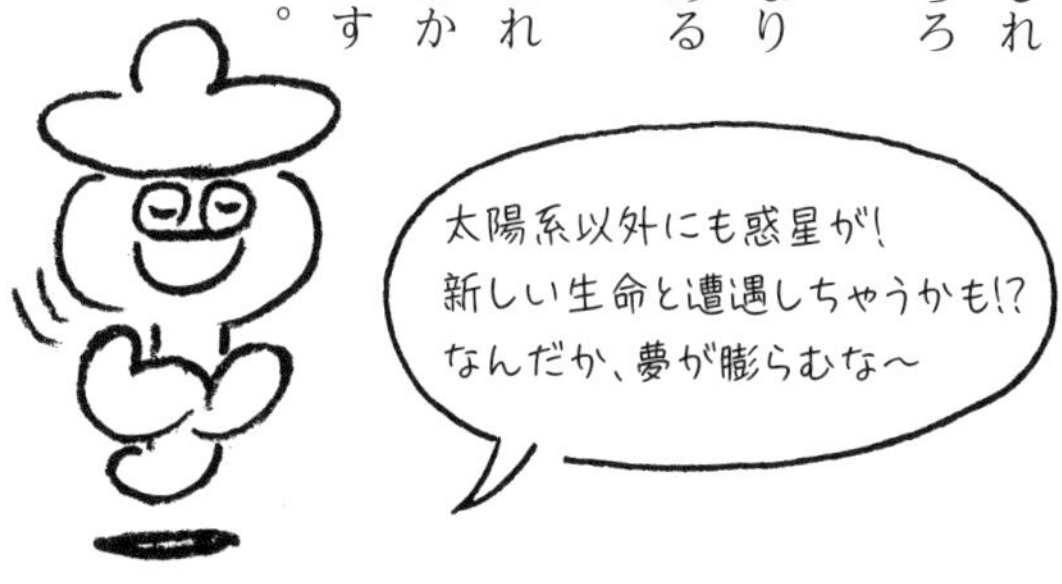
太陽系以外にも惑星が！
新しい生命と遭遇しちゃうかも!?
なんだか、夢が膨らむな～

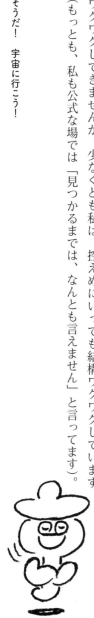

新発見は「妄想する力」から生まれる！

そもそも科学者たち自身、つい最近まで、こんなにたくさん惑星が存在するとはまったく想像していませんでした。もう一つ大事なこと、それは一九九五年当時の技術で、太陽系のような惑星系は見つかりっこないということです。簡単な計算をすればすぐにわかります。だから、頭のいい人（常人）はそこであきらめてしまうのです。

しかし、ここで素晴らしいのは、ミシェル・マイヨールという人が「もし惑星が見つかったら、おもしろいな」と考えたことです。もう、その時点でかなりの変人っぷりです。**「見つかったらおもしろいな」と妄想し、妄想に基づいて観測してみた結果、太陽系とは違う似ても似つかない惑星系が存在する**ことがわかりました。それは太陽みたいな星のすぐ近くを、木星みたいな大きな星がビュンビュン回っているという変な惑星系でした（だから当時の技術で見つかったのです）。

太陽系の場合、太陽、水星、金星、地球、火星、木星……という具合に、大きな惑星は外側に位置しています。理屈で考えるとそうなるのですが、新しく見つかったのは、大きな星が中心のすぐ近くに位置している惑星系です。

まったく誰も予想していなかったので、研究者の間に強い衝撃が走りました。みんな大騒ぎして、寄ってたかって同じような研究を進めた結果、次から次へと発見が相次ぎ、この二五年の間に約五〇〇〇個もの惑星系が見つかったというわけです。

しかもおもしろいのは、マイヨールにとってその研究が本業ではなく、いわば「サイドワーク」だったということ。もともとは他の研究をメインでやっていたのに、「こんなことやったらおもしろいかなー」と思って観測した結果、ノーベル賞を受賞してしまったのです。

この例からもわかるように、**研究者にとって重要なのは妄想する力**です。

先ほど、研究者仲間と議論をしているとさまざまなアイデアが湧き出てくる、というイギリス時代のエピソードをお話ししました。湧き出てくるアイデアは、ほとんどすべてが妄想です。妄想を少し冷静になって検討すると、すぐに却下されてしまうのですが、却下されても次々と別の妄想が湧いてきます。

そうやって何度も妄想を繰り返していくうちに、芯を捉えることがあるのです。妄想をあだやおろそかにはできません。

「頭がいい人」ほど、研究ができない!?

妄想していたことが正しいと証明されるのは、科学者をしていて一番エキサイティングな展開です。

「理屈で考えると、こんなのありえないんだろうなぁ。でも、あったらおもしろいな」という妄想の世界からスタートして、遊び心で研究すると、ごくまれに大当たりするケースがあります。妄想ですから、外れる場合がほとんどです。外れたって、別に落ち込む必要なんてありません。

「あー、ダメだったか。そりゃそうだよね。じゃ、次はこんなことやってみよう」

「あっ、やっぱりダメか。うん、ますます闘志が湧いてきた、今度はこれでどうだ!」

こんなふうにダメ元で打席に立ち続けている人が、いつか大ホームランを放ってしまう。これが科学の世界です。

奇想天外なアイデアは、観測・実験で確かめるのに一カ月以上かかることもあります。ほとんどの人は、どう考えても間違っていそうな説を確かめるのに一カ月も時間をかけていられないので、手を出しません。

5　利根川進（1939-）

分子生物学者、免疫学者。京都大学理学部卒業。カリフォルニア大学で博士号を取得。スイスのバーゼル免疫学研究所などで抗体の研究を続け、1987年「抗体の多様性生成の遺伝的原理」の発見で、日本人としては初めてノーベル生理学・医学賞を受賞した。

つまり、頭がよすぎる人は、「こんなのダメに決まっている」とすぐに頭で結論づけてしまうため、結局何も発見できないのです。

実は、この「発見の真理」は私の説ではなく、完全な受け売りです。ネタ元は、京大出身で、日本人として最初にノーベル生理学・医学賞を受賞した利根川進[5]さんです。

利根川さんは立花隆[6]氏との共著の中で、次のようなことを言っています。

「サイエンティストにも、すごく頭のいいのと、そうでないのといるんです。いわゆるすごい秀才ね、ものすごく記憶力がよくて、細かいことをなんでも覚えている。……ぼくはそういうんじゃない。記憶力悪いし、ロジックに欠陥があってもなかなかわからなかったりする。でもね、この間ある同僚のサイエンティストと話してたんだけど……そのほうがサイエンティストに向いているというんだ。……人間の頭の容量なんてのはだいたいみんなきまっているから……秀才タイプは、今度は逆にひらめきみたいな能力に欠けるというんだね。……われわれは幸いなことに……頭のどこかにポカっと穴が開いている。だからときどき変なことを考える。それがサイエンティストには重要なんだといっとったな。……」

どうですか、みなさん。科学者のイメージが一変しませんか？

利根川さんのこのお言葉を、私もよく使わせてもらっています。京大の講義で知識を一

6 立花隆（1940-）

日本を代表するジャーナリスト、ノンフィクション作家、評論家。『日本共産党の研究』『宇宙からの帰還』『臨死体験』など、政治から科学・宗教まで、幅広い領域をテーマに話題作を世に問い続ける“知の巨人”。利根川進との共著は『精神と物質～分子生物学はどこまで生命の謎を解けるか』。

方的に羅列していると、そのうち学生たちの目がとろーんと（眠たそうに）してきます。

そんなとき、「ところでみなさん」と切り出し、おもむろに利根川博士の話を始めます。

「頭がいい人には、いい研究ができないんだよ」

「利根川さんみたいに、ノーベル賞を受賞している人だって『自分は頭がよくない』『だから頭のいい人がやらない研究をして、それがノーベル賞に結びついた』と言っていたよ」

このくだりのところで、なぜか学生たちはパッチリ目を開けます。不思議です。世間的にいえば京大生というと日本のエリートですが、周りと比較してすっかり自信をなくしている京大生が意外と多いのです。

試験の答案に「授業はおもしろかったが、問題はさっぱり解けませんでした」と正直に書いた学生がいました。大学の講義では、そんなエピソードのほうが印象に残るのですね。

手話との出会い　手話から得た気づき

ここで話ががらっと変わりますが、私は視覚・聴覚障害者のための教材をつくっていて、盲学校やろう学校でお話をする機会がたびたびあります。

もともとのきっかけは学生時代のボランティアです。私は東京の図書館で「対面朗読」という、視覚障害者と対面して本を読むボランティアをしていた時期があります。

その後、いろいろあってボランティアは中断していたのですが、一〇年ほど前から点字の教材を制作するようになり、再び障害者と関わるようになりました。

目が見えない人は、目で文字を読むことができないので、手の指を使って点字の本を読みます。ここまではおわかりでしょう。では質問です。文字は点字に翻訳すればいいのですが、画像はどうしたらよいでしょうか？　天文関係の本には画像が多数掲載されています。この画像による情報を、どうやって視覚障害者の方に知覚してもらうのでしょうか。

私は、筑波技術大学の長岡英司教授（当時）とこの難問に取り組み、「バリアフリー天文学習教材」というシリーズものをつくりました。『ホシオくん天文台へゆく』という科学絵本では、月や木星を「点図」（「触図」ともいいます）で表現しています（201ページの図）。

たとえば「月を見上げると、うさぎの模様が見える」というのを、**点を敷き詰めた図を触ってもらうことで理解してもらう仕組み**です。点図では月の表面の黒々としているところはザラザラしていて、白いところはスベスベしています。

視覚障害者は、「月にうさぎの模様が見える」と聞いたことはあっても、それがどんな形状をしているのかはわかりません。そこで、点図を実際に触ってもらいながら、「これがうさぎの二本の耳だよー」などと伝えながら一緒に本を読む活動をしています。

木星の場合、写真を見ると、いろいろな色の雲が筋模様になっているのが見えます。それを、点字の手触りに変化をつけることで表現し、「木星ってこういう筋模様があるんだよ」「こんなところに目玉のようなものがあるね」などと説明します。

この点図がとてもよくできているのです。筋模様も、筋ごとに触感を変えています。見える私でも、繰り返し繰り返し触ってみたくなります（制作は筑波技術大学情報・理数点訳ネットワークの方々です）。

私のような研究者は、最近、一般の人向けに専門分野をわかりやすく講演する機会が増えてきました。「宇宙には、こんなおもしろいものがあるんだよ」というお話をするのですが、もちろんその対象には障害者の人も含まれます。

さて、「障害者のための学習教材」というと、多くの人はまず視覚障害者のことを思い浮かべるでしょう。たしかに目が見えないと、情報を得るのにバリアがあることはすぐわかります。私自身も漠然と、「バリアフリー教材は視覚障害者のためのもの」と考えていました。

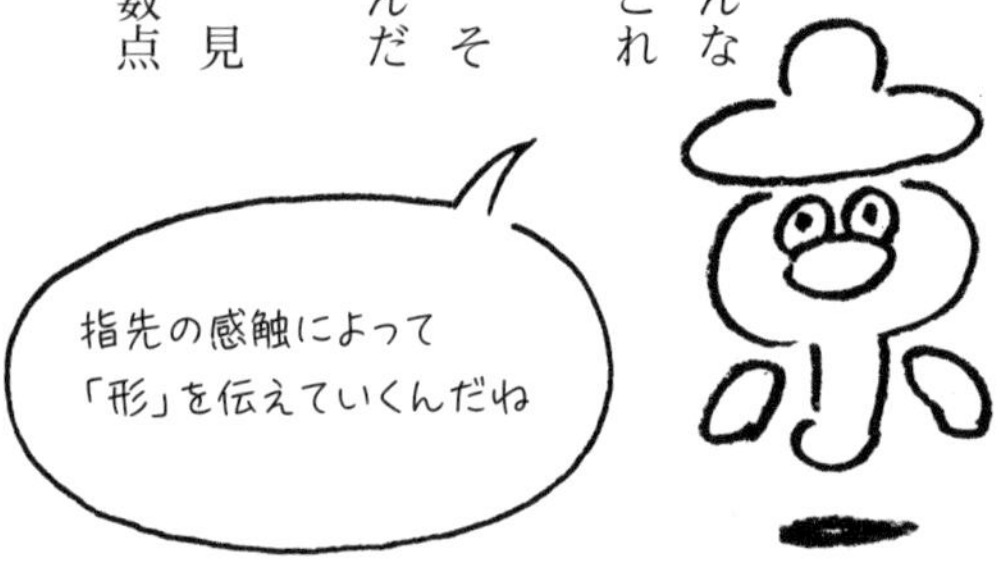

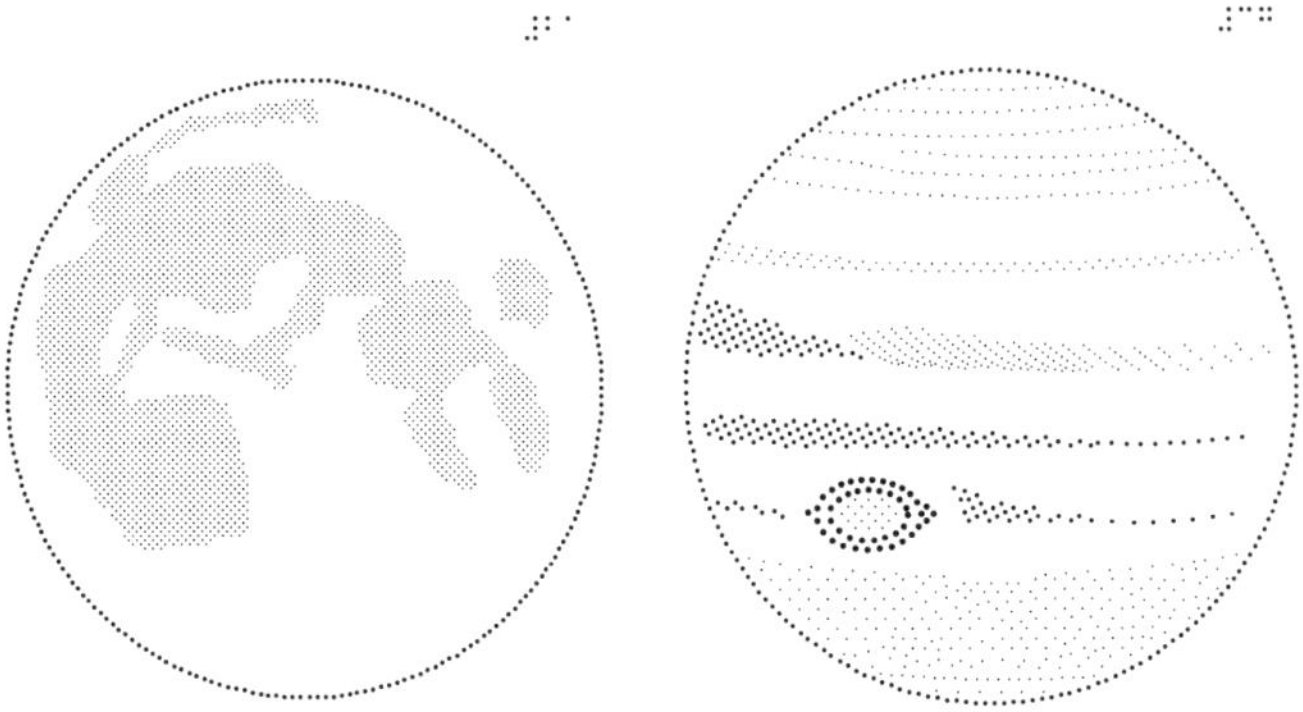

点図の月と木星

ところが、です。ふとした縁で、手話による学習教材をつくったとき、この考え方は一変しました。実は聴覚障害者も厳しい学習環境に置かれていることがわかってきたのです。**聴覚障害者は、最先端の知識から取り残されやすい傾向がある**のです。なぜでしょうか。

聴覚障害者は手話という言語でコミュニケーションをとっています。だから、手話で思考しているのです。**ろう者は、日本語で考えたことを手話に翻訳して伝えているのではなく、手話で考えたことを手話で伝えています**（聞こえる日本人の多くが、日本語で考え、それを日本語で伝えるように）。ろう者にとって、日本語は外国語のようなものです。

けれども、多くのろう学校では手話が禁止され

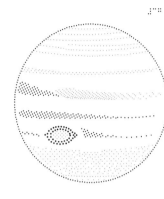

ていました。今でも手話による授業は決して普通のことではありません。なぜだかわかりますか?

手話を禁止するのには、それなりの理由があります。「手話でのコミュニケーションに慣れてしまうと、ろう学校を卒業したあと『聞こえる人』の社会で生きていくのが大変になるから」という理屈です。「手話をしていると社会についていけなくなる」と考えた結果、ろう学校では熱心に読唇術《どくしんじゅつ》(唇の動きから発音を読み取る術)を指導するとともに、自分の声が聞こえないのに発声練習をする訓練などが行われてきました。

そうしたつらい訓練に時間をかけていると、**本当に好きなことを勉強する時間が後回し**になってしまいます。本来なら、手話で学べばすぐに頭に入るような知識でも、読唇術で学ぼうとするのは相当なハードルです。

例えるなら、小学校に入学直後、いきなり全編が英語で書かれた教科書を渡されて「これで学んでください」と言われているようなものです。

そういった課題に気づいてから、私自身も「手話について勉強しないといけない」と思い、手話を少しずつ学ぶようになりました。

手話を禁止だなんて、
なんだか切なくなる話だ

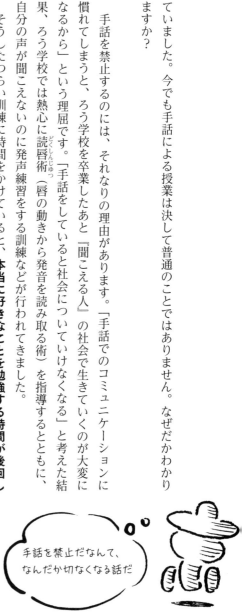

手話を通じて、天文学の学びが深まる

手話による教材を明晴学園の先生方とともにつくる過程で、少々驚いたことがあります。「星はどこで生まれる？」という疑問に対して「ガスのかたまりが潰れて、星が生まれるんだよ」と答えるお話を書いたときのことです。それを手話で表現してもらいたいとお願いしたところ、「できません」と言われてしまいました。

「どうして、できないんですか？」と質問したところ、こんな答えが返ってきました。

「潰れるって書いてありますけど、いったいどう潰れるんですか？　じわじわ潰れるんですか？　ペシャンと潰れるんですか？　周りから潰れるんですか？　ペタッと上下に潰れるんですか？　それぞれ手話表現が異なるので、これだけの情報では手話になりません」

「星が生まれる、と言いますが、星が何個生まれるんですか？　一個ですか、二個ですか？　たくさんですか？　何個生まれるかによって手話表現が異なります」

言われてみれば、たしかにそのとおりです。日本語で「ガスのかたまりが潰れて星ができる」と聞いて、何も疑問を持たず、わかった気になっていたのですが、それをあえて手話表現することを通じて、実はわかっていないことに気づいた、ということになります。

7　明晴学園

明晴学園（東京都品川区）は、日本手話と書記日本語、ろう文化と聴文化のバイリンガル・バイカルチュラルろう教育を実践するユニークな学校。幼稚部・小学部・中学部がある。

驚いたのはそれだけではありません。何よりも、手話が持つ自然描写の細やかさ・的確さです。手話言語には音声言語には見られない特有の表現がいくつかありますが、その最たる例が「CL」と呼ばれるものです。「CL」とは、「Classifier（類辞）」の略であり、モノの動きや形を、手の造作で表現する方法です。

たとえば、葉っぱのギザギザした形状をCLで（手の動きで）表現すれば、手の動きや形を見て「こういうふうにギザギザなんだな」とすぐに理解できます。言葉で「ギザギザしている」と言われても「どんなふうにギザギザなのか」と思いますね？　言葉で言われるより、ギザギザの形状を見せられたほうがわかりやすいのです。他に「車が渋滞している」といった情景なども、手話で表わせば一目瞭然です。

つまり、手話のCLは観察したものを表現する手法として、音声言語より格段に優れています。

私たちは、学校で理科の授業を受けるとき「ガスのかたまりが潰れて星ができる」と説明されると、なんとなくわかったような気になって受け入れてしまうものです。けれども、それはわかったつもりになっているだけ。

手話で表現しようとすると、一つひとつ細かなところを確認しないと先に進むことがで

きません。実際、ろう者は、私たちが何気なく目にして（即座に忘れて）いる物事を、じっくり観察しています。観察力に優れている分、正確な表現ができるということでもあります。**動きや形の表現において、手話言語は音声言語に勝ります。**

手話を使うと、星がどうやって、どれくらい生まれているのかがダイレクトに伝わります。要するに、手話は理科教育、特に「観察」の表現に向いていると気づいたのです。

最初はたまたま「学習教材の手話翻訳版をつくろう」と思っていただけで、手話と理科教育が深く関係しているなどとは考えていませんでしたが、たまたま教材をつくる過程で、理科教育の根幹に関わるような発見がありました。

手話というと、福祉の文脈で語られることがほぼすべてですが、理科の学びに、自然観察の表現に、聞こえる人こそ手話を学んでみたらメリットがあるのではないか、今ではそう思っています。

手話を学ぶ経験を通じ、私自身も天文学に対する学びが深くなったのです。

そんなわけで、今ではろう者と一緒に、天文用語の手話表現を研究する活動に力を入れています。

「わからない」という自覚から、すべては始まる

私は「インクルーシブ天文学」という考え方の実践に従事しています。「インクルーシブ天文学」とは、国籍、民族、人種、ジェンダー、年齢、障害の有無などを問わず、あらゆる人と共に推進する天文学のことです。

なぜ、私が「インクルーシブ天文学」を実践しているかというと、従来の天文学が、真の意味で人間の多様性を尊重してこなかったからです。

大学の研究者が偉そうに「学問って、こういうものなんだぞ。わかったか！」と、いかにも上から目線で世間に啓蒙する。これが従来の学問のスタイルでした。

でもこれからは、あらゆる人が一緒に学問を進めるスタイルへと変化していきます。

すでに、世の中では「ダイバーシティが重要」とか「多様性を認めて受け入れましょう」といった主張が叫ばれています。

けれども、現実の場面では、障害者に対する非障害者（健常者）の対応は、だいたい次の言葉に集約されます。

「かわいそう」「でも、頑張っている」

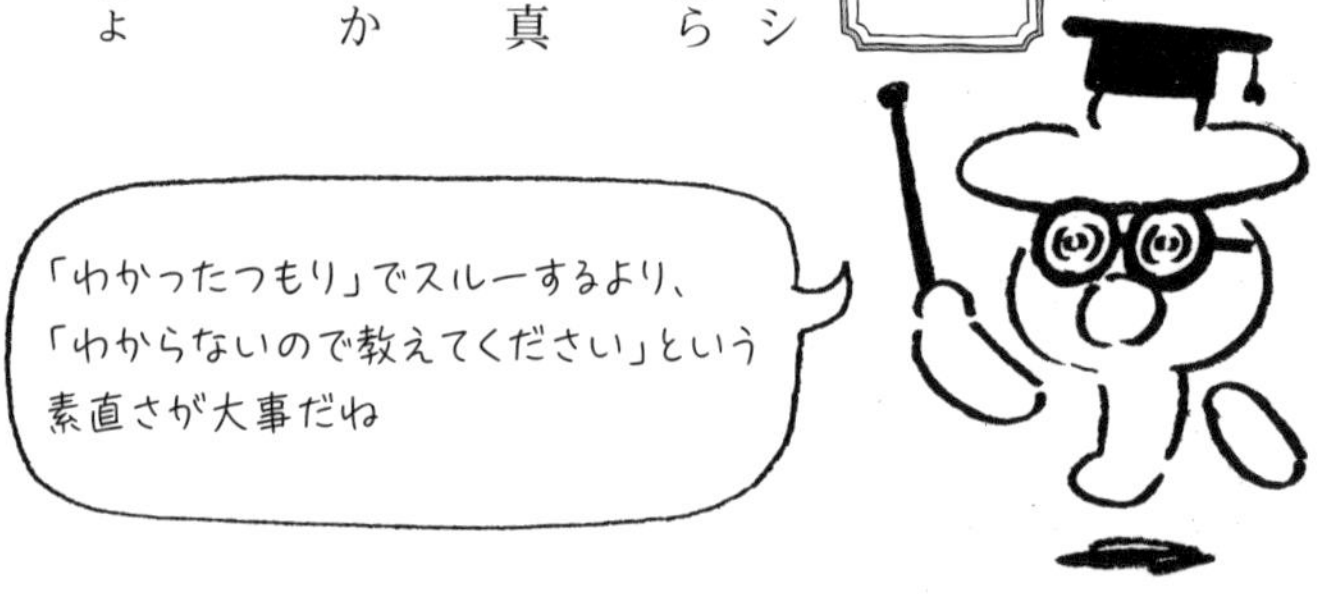
「わかったつもり」でスルーするより、
「わからないので教えてください」という
素直さが大事だね

これは、自分と異なる人を理解しているようであって、実は自己中心的な発想に陥っていることにならないでしょうか。自分の目線から見て何かができないことを「かわいそう」と思い、自分と同じようなことができたら「頑張っている」と評価する。思考や判断の中心が自分自身に固定化されています。

そうではなくて、目指したいのは**視点の転換**です。**自分の立ち位置を変えて、相手の立場で考えようとする意識の変革**が重要です。

もちろん、相手の立場など想像しただけで理解できるわけなどありません。わからないなら教えてもらえばいいのです。障害者の方に聞けば、たくさんのことを教えてくれます。**「わからない」という自覚がすべての出発点**です。そう、他人のことはわかるはずがないのです。でも「わかったつもり」になると、その後の理解が進まなくなります。

「わからない」と自覚して、自分とは異なる知識を持っている人のところに行き、「わからないので教えてください」と素直に聞く。これこそが多様性理解であり、学問の基本でもあるのです。

私は視覚障害者の友人[8]（広瀬浩二郎さん）が、「視覚を使えない不自由ではなく、視覚を使わない自由」と語っていたのが印象に残っています。そんなふうに**障害者から教えてもらった一つひとつのことが、自分のかけがえのない宝になっています。**

8　広瀬浩二郎（1967-）

1967年、東京生まれ。国立民族学博物館グローバル現象研究部准教授。13歳のときに失明。筑波大学附属盲学校から京都大学に進学。2000年、同大学大学院にて文学博士号取得。専門は日本宗教史、文化人類学、触文化論。点字受験した、初めての京大生。国立民族学博物館では「さわる文化」「ユニバーサルミュージアム」の活動を主導。著書に『触常者として生きる』（伏流社）、『目に見えない世界を歩く』（平凡社）など（嶺重注：相当の変人です）。

知識よりも、もっと大切なこと

「大学の学問は、私たちが生きている現実から離れてきている。学問と生活はどんどん乖離してしまっている」

実はこんな警告を、八〇年前に哲学者のフッサール[9]が発しています。

「学問の世界が、私たちの生きている生活の現場から離れているんじゃないか。なんとかしないといけないよ」

八〇年前から警告を受けていたにもかかわらず、そして日本でも、戦後間もなく、公害や自然破壊の文脈で盛んに議論されたにもかかわらず、今、そういう警告を発している人はあまり見かけません。学問が生活と再びつながるようになったのでしょうか。いや、逆に、学問と生活が完全に乖離していることが「当たり前」となったことで、誰も言及しなくなった、が正解ではないかと思います。

私は、**学問は頭だけに頼るのではなく、生活に根ざした直感や実感などを含む「情感」を重視すべき**だと考えています（触感も大事にしたい感覚の一つです）。

9　エトムント・フッサール（1859-1938）
オーストリア出身のユダヤ系ドイツ人。現代哲学の主流の一つ、「現象学」の創始者として有名。当初は数学を研究し、算術を心理学的に基礎づけることを試みた。その後、純粋論理学を提唱、哲学を志向して、現象学に到達した。本文の警告は著書『ヨーロッパ諸学の危機と超越論的現象学』にある。

「知識」重視で学問は進みます。しかし**「どう学問を進めるか」においては、知識より情感が大事**だと思います。京大出身の天才数学者、岡潔[10]先生もそうおっしゃっています。

もちろん、「ブラックホールはこのくらいの大きさである」という数字を計算して、知識として知ることは大事。ですが、実感としてブラックホールを捉えることも重要だと私は考えています。

「もし宇宙旅行ができて、ブラックホールの近くに行ったら自分はどう感じるか」

学問の世界では、（主観を徹底的に排除した）客観的記述を重視するあまり、とかく情感が否定されがちです。

少しでも感覚的な発言をすると、二言目には「感覚だけで主張するな。ちゃんとした数字を出せ」（効率を高めよ、生産性を上げよ）と怒られるのが当たり前になっています。けれども、八〇年前に哲学者のフッサールが「数字だけに頼るな！」と警告を発したことの意味を、今改めて問い直す必要があります。

最初のほうで、私たち研究者がブラックホールを「彼」「彼女」「あの人」などと呼んでいるとお話ししました。そんなふうに、親しみを持ってブラックホールについて考えることにも意味があります。

10　岡潔（1901-1978）

日本が誇る大数学者。1925年京都帝国大学理学部卒業。多変数函数論の分野で世界的な難問を解決し、その業績により文化勲章を受章。ノーベル賞を受賞した湯川秀樹博士や朝永振一郎博士に数学を教えた、伝説の先生。随筆『春宵十話』で、日本的情緒や情操教育の大切さを説いた。岡潔と小林秀雄の異色の対談『人間の建設』においても、「情感」の大切さを訴えている。

「ブラックホールって、みんなから怖がられ、一方的に悪者扱いされていて、なんだか切ないなー。もしかしたらブラックホール本人だって、好き好んであれやこれや吸い込んでいるわけでもないだろうに。本当に、吸い込むだけで何もしていないのかな。いや、そんなことはない！　何か宇宙の役に立っているに違いない。ブラックホールに代わって、あいつのいいところを世に知らしめてやろう！」（宮澤賢治『よだかの星』参照）

そんな情感たっぷりな妄想から、本当の意味でクリエイティブな学問がスタートするのではないでしょうか。

真面目な人ほど変人になる

さて、ここまでブラックホールからスタートして、宇宙探査や手話の話など、あれこれお話ししてきました。

脈絡がないように思われたかもしれません。でも、すべてに共通する要素があります。

それは**「常識を疑う」**こと、すなわち**「自分の思考がとらわれているものに気づく」**こと、そのために**「立場を変えて考えてみる」**ことです。

自分の感覚を大事にするって、
なんだかうれしい！

私たちは知らず知らずのうちに、「地上の常識」にとらわれながら生活をしています。新しい発想に対して、「こんなのできない」と頭ごなしに決めつけています。

しかし、ブラックホールという変なものについて考え、太陽系以外の惑星系の存在を知り、障害者と一緒に学ぶことによって、**自分がいかに常識にとらわれていたか、実はわかっていなかったことがあったという事実**に気づきます。

自分を客観的に見て、「ああ、自分はこういう考え方にとらわれていたのか」と自覚する。その経験を通じて、人は自分が身につけていた常識から離れることができます。結果として、世界が広がり、いろいろなことが考えられるようになります。**新しい学問を生むことができるのは、そんなふうに常識を脱した人**なのです。

そして、私は真面目な人こそが常識を脱した変人になれると考えています。

真面目な人＝変人というと、意外に思われるでしょうか。でも私は、真面目な人ほど変人になると確信しています。

真面目な人は「ちゃんと自分の頭で考えている人」であり、自分の頭で考えている人は、確実に変人になるのです。

なぜなら、世の中の大多数の人は「世間体」や「常識」に流されて生きています。周りに流されるがまま、「みんながやってるから」という理由で周りに合わせた言動をとっていくうちに、「常人」になっていきます。

京大の山極寿一[11]総長は、変人ではない人のことを常人と言っています。

つまり、周りに流されずに、真面目に自分の頭で一つひとつ考えて行動していけば、必ず変人になるようにできているのです。

かくいう私自身も、れっきとした変人です。ですから、酒井先生からメールで「変人講座に出ませんか」とのオファーを受けたとき、「あぁ、ついにこのときが来たか！」と感慨深いものがこみ上げてきました。

私から見て、京大の学生たちは変わったことをするのを嫌がる傾向があります。ちょっと変人であることを恐れています。

一般の人からは、京大生は「頭がいい人」と思われていますが、実際はコンプレックスを抱えている人が結構います。高校時代までは地元のエリートで鳴らしていても、京大に入ると、自分より頭のよさそうな人たちが集まっているから急に自信をなくしてしまう。

そんな学生に向かって、**「全然大丈夫。恐れずにどんどん変わったことを追究しよう」**と声をかけています。

私は、これから先、**変人こそが学問をリードする**と確信しています。

11　**山極寿一**（1952-）

1952年生まれ。霊長類学者・人類学者。ゴリラの研究で名高い。京都大学理学部卒業、同大学院理学研究科博士課程修了。京都大学第26代総長（2014年10月より）。日本学術会議会長。本書の前作『京大変人講座』（2019年刊行）の「はじめに」で、「常識的なことを考えていたら、それは“常人”でしょう？」と述べている。著書に『ゴリラ』（東京大学出版会）、『ゴリラの森、言葉の海』（共著、新潮社）など。

KYOTO UNIVERSITY

嶺重先生の
新しい発想のヒント

✧ブラックホールは、いろいろなものを吸い込む代わりに、大きなエネルギーを出して分配している

✧太陽系外の惑星系は、今では五〇〇〇個以上もある！

✧研究者にとって大事なのは「妄想する力」！

✧頭がよすぎる人は、「こんなのダメ」とすぐ結論づけて、何も発見できない

✧手話の表現力は、ときに音声言語の表現力を超える！

✧学問は、知識より情感。直感・実感を重視しよう！

講座を振り返って

越前屋　変人講座の中でもお話しされていましたけど、嶺重先生が思う「変人」って、どんな人なんでしょうか。

嶺重　**周りに流されない人。常識を客観的に見られる人。**あるいは、**常識に流されていることを自覚している人**、ということでしょうかね。

越前屋　研究者にとっての常識・非常識は、一般の人がイメージする常識・非常識とはまた少し違うんですか？

嶺重　ここでいう「常識」は、自然や世界を見るときの常識です。私たちのものの見方や考

え方は、周囲の環境や社会のあり方に染まっているのですが、なかなかそのことに気づきません。たとえば、地上で車椅子を使って移動している人がいます。無重力の宇宙に行けば、車椅子なしでも手で何かを伝っていけば移動できます。**地上の常識は宇宙では通用しません。**

越前屋　僕たちが何かを考えるとき、知らず知らずのうちに常識が邪魔してしまうことがあります。先生は、どうやって常識に流されずに妄想しているんですか？

嶺重　自分とは違う立場を想像してみる。あるいは実際そういう立場の人と会ってみる、話してみる体験がとても大事です。**障害者と会話をするのも、すごく刺激的です。**点図も、初めて触ったときにはビックリしました。たとえば遠くにあるものは小さく見えるという立体感覚は、目で見るとすぐにわかります。でも、これを点図で表わすのは非常に難しい。

越前屋　横幅は表現できても、奥行きは難しい。

嶺重

それを突き詰めると「私たちは本当にものを見ているのか？」「頭の中でつくり上げているだけじゃないか？」という哲学的な問題まで考えるようになるんです。

越前屋

普通の人が見ないところに目をつける。そこから妄想することが大事なんですね。僕は街の中で一般人を相手にしたライブコントをよく妄想してました。たとえば、銀座の横断歩道で信号が変わるたびにサラリーマンが歩き出す風景をボーッと見てると、「サラリーマン対抗横断歩道レース」みたいなものが浮かびます。僕がスターターになって、「位置について、よーい、スタート！　さあみなさん、レースです！　走って！」とか声をかけると、誰か一人ぐらいダッシュするんじゃないか？　とか考えるわけです。実は、実際にそれを東京の街で試してみたんですけど、なんと本当に一人、いきなり走り出したバカなやつがいて……。

嶺重

フフフ。わかります、わかります。

越前屋

「あなた一等です、おめでとう！　頑張れ！　サラリーマン」って。僕はそうやって街という日常を見ながら妄想したことを、実際に試してみる、という繰り返しで番組をつくってました。

嶺重　私がその場にいたら、絶対走ってますね（笑）。シチュエーションは違いますけど、**学問も、何もないところから何かをつくり出していくところが一番楽しい**んです。

越前屋　「宇宙」というフィールドは、とても危険ですね。妄想に際限がない……。

嶺重　そうそう。ブラックホールで何が起きているかを考え始めたら、妄想がたくましくなるんです。でも、宇宙は妄想をも超えます。ある最先端の望遠鏡で、歴代最大の成果トップテンを挙げたら、どれ一つとして、望遠鏡の建設前に予想されていなかったんだそうです。つまり、**人間の常識的な思考には限界がある。**奇想天外な結果が出るところに、おもしろさがあるんです。

越前屋　嶺重先生は、まさしく「妄想変人」です。そんな言葉はないと思いますが、勝手につけさせてもらいますので、ぜひ弟子にしてください！　妄想変人の弟子一号として、これからもいろいろ教えてください！

BOOK GUIDE

嶺重先生のお薦めブックガイド

『宇宙からの帰還』

立花隆著　中公文庫

月面に降り立った宇宙飛行士はそこで何を感じ、それはその後の人生にどう影響したのでしょうか？　宇宙探査における「情」の世界に深く切り込んだ、衝撃の書です。

『世界の共同主観的存在構造』

廣松渉著　岩波文庫

私たちの認識は、意識せずとも社会的・歴史的に規制されています。いかにして人の思考は「共同主観的」になるのか？学生時代に廣松先生の講義を聞いて以来、私を魅了し続ける本です。

『知のスイッチ「障害」からはじまるリベラルアーツ』

嶺重慎、広瀬浩二郎、村田淳編著　岩波書店

「障害」という観点から、学問の新しい地平を切り拓きます！当事者を含む気鋭の執筆陣が、独自の宇宙観・人間観・社会観・人文科学観・芸術観・スポーツ観を熱く語ります。

SUKIる学の教室

5

「できない」から「できる」んだ

――「他人事」になる社会の中で、自分の唯一性を持って生きる

富田直秀

大学院　工学研究科　教授　医療工学

人工関節の開発など、医療工学のエキスパート。医療現場で遭遇した矛盾から、「できる」こと一辺倒の危険性を察知。

「できない」って、ダメなの？

「できない」から「できる」んだ――いきなり意味不明ですね。すみません。では、別の角度から問いかけてみることにします。

「できる」って、すごいことですよね。では、「できない」＝ダメなこと、なのでしょうか？

たとえば、生後一カ月の赤ちゃんがいたとしましょう。この生まれたばかりの赤ちゃんは、まだ目がよく見えていません。光や音など、外部からの刺激に対して反射的に体を動かしている場合もあります。食事や排泄《はいせつ》など、お父さんやお母さんたちのサポートがなければ、何もすることができません。

その赤ちゃんが成長すると、立ったり、しゃべったり、スプーンを使ってご飯を食べるようになったり、親のまねをしてスマートフォンを触ったりするようになります。

要するに、赤ちゃんは短期間のうちに、生きるための「**機能**」を次々と身につけていきます。

機能を身につけて「できる」ようになることは、本人も周囲も、とてもうれしいのです。でも、生後間もなくて何も「できない」赤ちゃんは、できないからダメなのかというと、そんなことはないですよね。

赤ちゃんは何もできないけれど、赤ちゃんの無垢《むく》な「しぐさ」には、とても大切なホンモノの何かがありますよね。

今の科学技術は「できる」ことに向かってまい進しています。けれども、「できない」を突き詰めていくと、実はそこにもホンモノの何かがあることがわかってくると思うのです。

医療事故をきっかけに、グレてしまった私

そもそも私がなぜ「できない」に関心を寄せるようになったのか。それを語る上で、少しだけ私の経験についてお話しさせてください。

私の専門は**医療工学**です。医療工学とは、ものづくりの技術を医療現場に生かすための学問です。私は、工学の大学院生のころに医学部の学生だった女性を**SUKI**になりまし

た。「結婚したい」とご両親に言いに行くと、「医者でないと結婚を許さん」と言われました。そこで大学院を出てから医学部に入学して、学生兼研究員として勉強と研究を始めました。

医学部を卒業してからしばらくは整形外科医として働いていたのですが、研究を続けるために京都大学の生体医療工学研究センター（現：再生医科学研究所）というところに行きました。

そこは、「役に立つ」研究を目的に設立された組織です。入所早々、私は当時のセンター長の筏義人《いかだよしと》先生から、「もう論文はいいですから、『役に立つ』研究をしてください」と言われました。

医療現場には困っていることがたくさんあるので、「役に立つ研究」もたくさんありました。たとえば、医療現場で使う糸や、骨を固定する道具、麻酔のための機械や、人工の脚の研究、人工関節のための材料や、組織を再生させるための材料の開発など、さまざまな「ものづくり」を、医療と工学の両方の立場で行ってきました。

医療技術は、いろいろなことが「できなくなった」人を、「できる」ように助けます。だから「役に立つ」研究なのだ、とこれは今でもそう信じています。けれども、このことの裏には、基本的に「できない」よりも「できる」がすごいという考え方があります。

ちょっと待てよ？　と思い始めたきっかけは、妻が、医療事故で死にそうになったときです。その事故は、する必要のない検査をしているときに起こりました。

妻の命はなんとかぎりぎりで助かったのですが、でもちょっと待てよ？　どうして事故は起こったのだろう、そうして、「する必要のない医療」って誰がどうやって決めるのだろう？　と疑問に思いました。

事故が起こった原因は、一言でいうと、物事が**「他人事《ひとごと》」**で行われたからです。

私の知るある外科医は、「外科医が行う一番初めの手術と同じように一生手術ができるといいなあ」と言います。え？　最初の手術は技術も経験も未熟なんじゃないの？　と思われるかもしれません。

たしかにそうなのですが、初めての手術ですから、解剖書、手術書、関係する論文などを徹底的に読み、見逃しがないように患者さんの状態も慎重に調べます。ちょっと慣れてきたとき、技術は自分事を離れて他人事になってしまうのかもしれません。

では、「する必要のない医療」って誰がどうやって決めるのでしょうか？　私たちは医師から検査の説明を受けて、そうして、では検査をしましょう、と私たちが決めたのです。今にして思うと「その検査はする必要がなかったなあ」と思うのですが、説明を受けているときにはそれがわかりませんでした。

医師である私たちにもわからなかったのですから、一般の人にはさっぱりわからないだろうと思います。

もう少し話を広げてみますね。

ある技術が「役に立つか、立たないか」は、誰がどうやって決めるのでしょうか？

私たち開発者は、当然役に立つだろうと思って技術を開発します。そうして製品化して、使用される現場に渡します。

現場では、たとえば、技術を使うことによって病気がこれだけ治る。でも副作用でこれだけの危険性がある。それを、なるべくわかりやすく患者さんに説明します。

ですから、開発者や現場のスタッフは、どれだけ困っていて、技術によってどれだけそれを解決して、そしてもし副作用で死んでしまったらどれだけ困るのか、その確率は？と客観的、そして定量的に考えなければなりません。

どれだけ困るのかを客観的に判断する？　そんなことできるの？　と思われるかもしれませんが、保険で医療にかかるお金を支えている先進国の医療では、健康の状態を「1」、死亡を「0」と考えて、病気や治療に関わるさまざまな状態が、いったいどれだけ困るのかを判断する**効用値**という値が実際に使われています。

別の言い方をしますと、何がどれだけ「できない」かで、人がどれだけ困るかの目安が決められているのです。あとはこの効用値に、治る確率や副作用の起こる確率を掛けて合計してやれば、たとえば、ある医療技術は、病気に困っている人をこれだけ助け、また副作用でこれだけ困らせる、と役に立つ度合い（**期待効用値**）だって計算できるわけです。

私は、少なくとも研究に関しては、これまで清く正しく生きてきたつもりなのですが、ここに来てグレ始めることにしました。

先に述べた客観的指標が必要であることに対しては何の疑問もないですし、今も「できる」を目指した研究を精力的に進めています。

私たちが「平均的」な患者さんを想定して設計や開発をすることは、しかたのないことだろうと思います。ただ、現在の科学・技術の発展は、一見、世の中を安全で快適にしているようでいて、実は物事がどんどんと「他人事」になりつつある、と感じたのです。

不思議に思われるかもしれませんが、現代の医療現場では、医師が自分や自分の家族に対しては選択しないだろうなあ、と思う検査や治療も実際に行われています。それは、一言でいいますと説明するため

に必要だからです。

別の言い方をすると、私たちがみな、まるで老人ホームに入所したように不自由になってきている、科学技術はその手伝いをしている、と感じました。

ここで不自由とは、「みずからによる」ではなく、「おのずからによる」不自由です。一見安全で快適のようですが、どこか他人事のように管理されていて、このまま行くと「わたし」が自分で生きているという実感が失われてしまう。

要するに私は、「バカヤロウ、オレはオレだ」とグレ始めたのです。

もう少しおとなしい表現をしますと、「もし患者さんが自分自身だったら」（**当事者視点**）といった自分事としての考察がないままに技術が他人事として開発され、社会をまるで老人ホームのように変化させている、と思うのです。

グレていないほうの私は、「見かけの安全や快適でも、ないよりはいいじゃないか」と言います。グレたほうの私は、「このまま他人事のように管理されるだけなら暴れてやる」と言います。

そうですね……科学技術の進む原理に、別の何かを加えておかないと、何かとても大きな暴力が生まれるような気がしてしかたがないのです。

グレた私

見かけの安全や快適でも、ないよりはいいじゃないか
他人事のように管理されるだけなら暴れてやる

イラスト© 村山久美子　グレていない私　グレた私

その暴力の源のエネルギーは、「バカヤロウ」と言っている、グレた私かもしれません。そうです、敵は、私自身、そうして、おそらくみなさんの心の中にもいるのではないでしょうか。

この「オレはオレだ」のエネルギーは、それぞれが主体的に生きたいと願うエネルギーでもあります。学問の持つ客観性が自由（おのずから）な主体性を蹂躙《じゅうりん》しない考え方、そうして抑えられた主体性が暴力にならないような方法を考えていきたいと思います。

欲望がつくられる消費社会

グレていないほうの私が、グレた私の疑問

についてつらつら考えていたら、待てよ、グレた私の言っていることも本当かもしれない。これは自分一人の問題ではないぞ、と思い始めました。

私は、この社会全体が「他人事」に向かいつつある状況を「**消費社会**」というキーワードで解釈しています。

私たちは、もともと「欲望」を持っていて、この欲望を満たすような**モノ**を「生産」して「消費」してきました。

生産効率はどんどん上がっていくので、いろいろなモノが生み出されていきます。そのうち、モノだけでは欲望を満たしきれなくなり、「健康」や「個性」「知性」といったサービスが提供されていくようになります。

モノやサービスをどんどん生産して、どんどん消費しているうちに、ちょっとずつ風向きが変わってきました。昔は欲望が先にあって、その欲望を満たすために生産していたはずなのに、今は生産が欲望に先行するようになりました。

いつの間にか、生産者側は「こんなモノをつくったら、こんな欲望ができるかもしれない」と考えるようになってきたわけです。

ボクたちの「欲しい」は
誰かにあらかじめ
つくられているってこと!

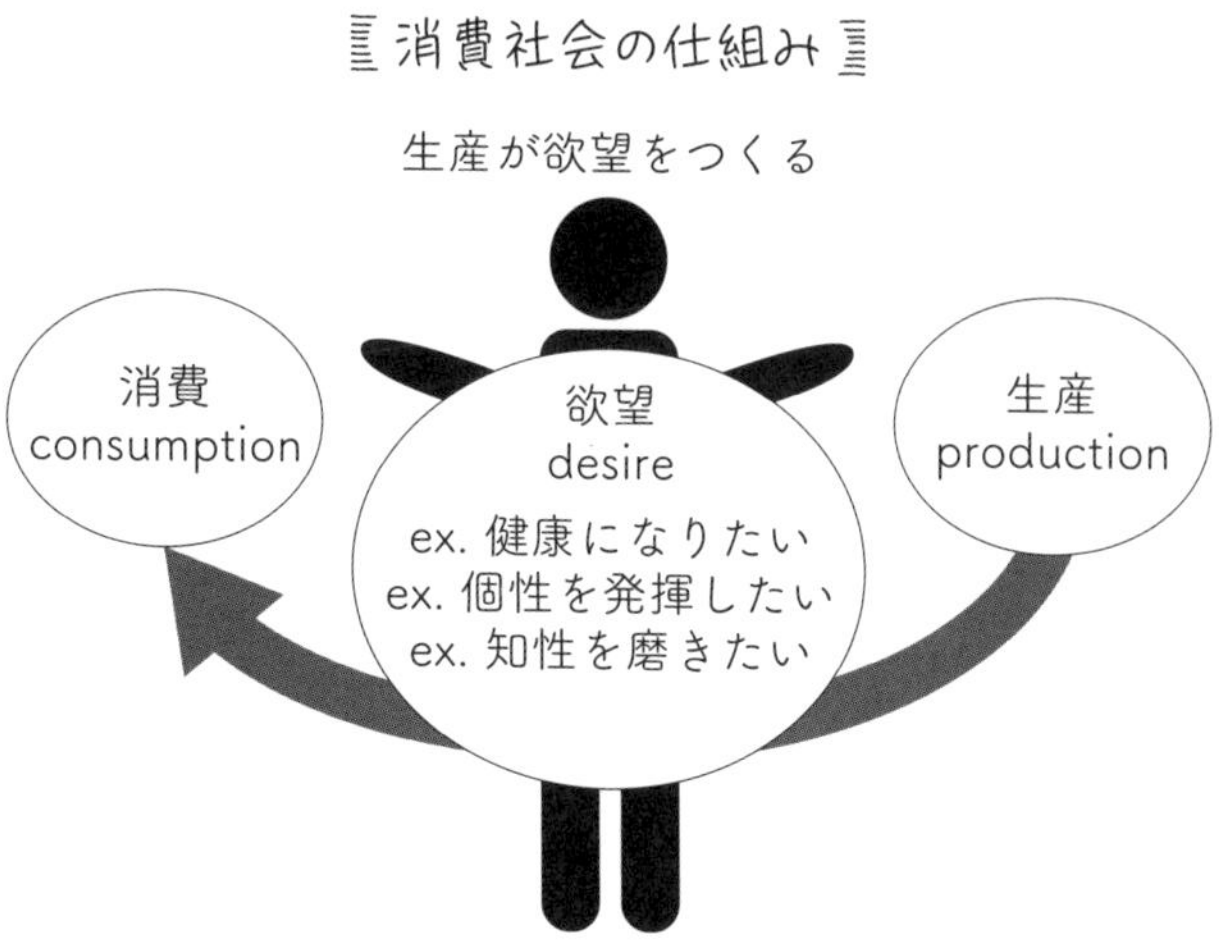
消費社会の仕組み
生産が欲望をつくる
消費
consumption
欲望
desire
ex. 健康になりたい
ex. 個性を発揮したい
ex. 知性を磨きたい
生産
production

たとえば、もともとはもっと簡便に計算したい、という欲望を満たすためにコンピューターは開発されました。そうして、コンピューターがいろいろな新しいことをするのに私たちはびっくりしています。話し相手にもなってくれますし、病気の診断もしますし、賢い事務長のようにお金の使い方の管理もしてくれます。その一方でたとえば、もともとはゲームなんかそんなにしたくなかったのに、長々と遊んでしまって後悔した経験はないでしょうか？　いろいろなことができる多機能な機械を喜んで買ったのに、結局一度も使わなかった経験はないでしょうか？　便利だと思ったモノが、あとから考えるとめんどうくさい、と思ったことはないでしょうか？

商品やサービスを買ってから、冷静に考え

てみると「あれっ？　オレって、本当にこれが欲しかったんだっけ？」と思うようなことが増えていないでしょうか？

今は、電子機器ばかりではなく、ほぼすべての商品やサービスが、新しい欲望を生むために開発されています。

この状況を、ジャン・ボードリヤール[1]というフランスの哲学者は、「われわれは、機能的人間になり、**交換価値**の法則によって支配されている」と言っています。交換価値とは、ある商品やサービスが、別の商品やサービスと交換するときの比率のことです。

別の言葉でいうと、どれだけ「できる」のかという機能の量を決めて、それで世の中のいろいろな価値を評価することが求められるようになっているということです。私は、この状況と「他人事になる」ことが関係していると考えています。

生きることの意味――唯一性

「他人事」について、もうちょっと掘り下げてみたいと思います。

第二次世界大戦中、ナチスドイツは強制収容所をつくり、収容したユダヤ人たちに労働

1　ジャン・ボードリヤール（1929-2007）
フランスのポストモダン思想界の重鎮で、代表的な著書に『消費社会の神話と構造』『象徴交換と死』など。社会システムの消費と生産、市場における価値交換の動態を巡る鋭い論考を発表し、大きな影響を与えた。

を強制しました。有名なのが、ドイツ占領下にあったポーランドのアウシュビッツ強制収容所です。

強制収容所に収容された人たちは、腕に入れ墨で識別番号を入れられ、個人名ではなく、番号で呼ばれました。また、その人の「機能」に応じて労働を強いられました。

「○○番は散髪ができるから、散髪をさせる」
「▽▽番は編み物ができるから、編み物をさせる」

という具合です。

そんな強制収容所の被収容者の一人にヴィクトール・フランクル[2]がいました。

著名な精神科医、心理学者であり、強制収容所での経験をもとに『夜と霧』などの本を書いた人です。

フランクルは心理学者だったので、強制収容所内で自殺を図る行為をなくす仕事を課されました。強制収容所では、過酷な日々の中で自殺を図ろうとする人が少なくなかったからです。

強制収容所内には、いったん自殺を図ろうとしたら、それを止めてはいけないという暗黙の決まりがありました。自殺を図ろうとした時点で「機能」を失ったと見なされたので

2　ヴィクトール・フランクル（1905-1997）
オーストリア・ウィーン出身のユダヤ人で精神科医。強制収容所から奇跡的に生還し、その凄絶な体験をもとに「生きる意味」を問うた著書『夜と霧』は世界的なベストセラーとなった。

す。

ただ、自殺を図ろうとする人があまりに多かったので、フランクルには自殺を未然に防ぐ役割が期待されたわけですね。

フランクルにとって、自殺を防ぐのは非常に困難な仕事でした。しかも、戦争が終わって解放されたにもかかわらず、強制収容所にいた人たちの自殺はあとを絶ちませんでした。

そんな中で、フランクルは自殺を防ぐことができた二人の男性の事例を紹介しています。

一人は故郷で子どもが父親である自分の帰りを待っていることを思い起こすことで、そしてもう一人は自分の本を書き上げて完結させるという仕事を思い起こすことで自殺を思いとどまりました。

「自分を待っている子どものところに帰る」

「自分の本を書き上げて完結させる」

これらに共通している要素は「自分にしかできない」ということです。つまり、自殺願望を防いだのは「**唯一性**」です。

散髪ができたり、編み物ができたりするというのは、その人にとっての「機能」です。機能があるというのは、「できる」ということです。

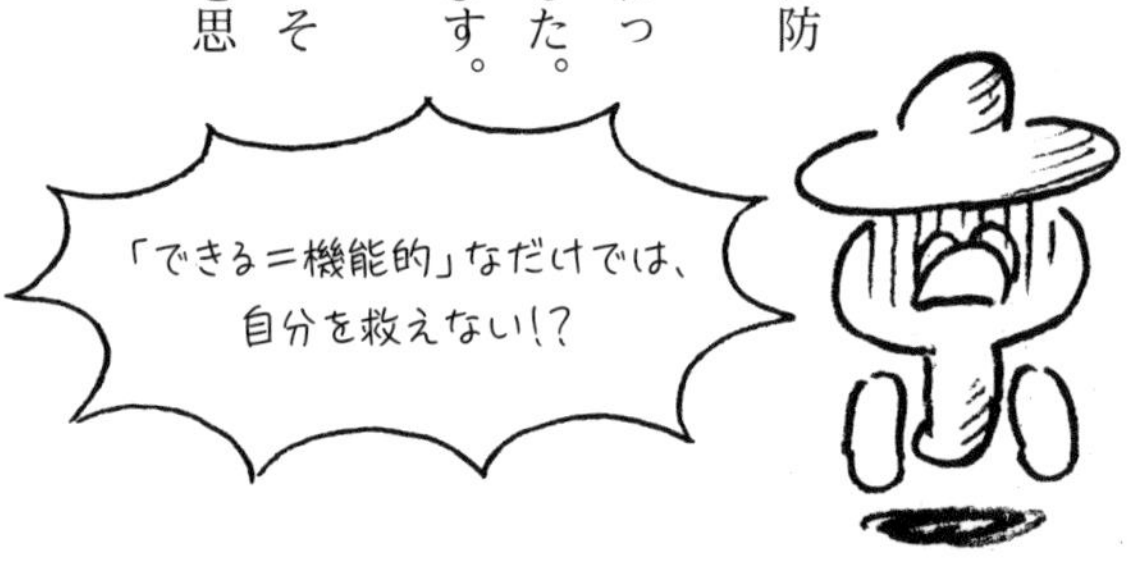

でも、「できる」だけでは自殺願望を止められませんでした。「できる」というだけでは、他人事になってしまうからではないでしょうか。

これに対して、唯一性を認識した人は、自殺を思いとどまりました。唯一性は、他人事ではない「自分事」だからだと思います。

フランクルは、自分を待っている仕事や、自分を待っている愛する人がいれば、人は自分の人生を投げ出すことはできないと言いました。そしてこれはアウシュビッツ強制収容所だけの問題ではなく、現代社会にも共通する問題であると問いかけました。

フランクルの問いかけは、機能＝他人事に偏りすぎることの危険性、唯一性＝自分事の重要性を教えてくれているのだと思います。

やさしさは「行為」？　それとも「しぐさ」？

さて、ではグレた私の言う「オレはオレだ」について考えてみましょう。ここからは、ちょっと難しくなるのですが、よくわからないままでもいいのでおつき合いください。

たとえば、病院で入院中の患者さんが不眠や不安、苦痛などで、看護師さんを呼ぶためにナースコールを押すことがあります。

そのときに、やってきた看護師さんが患者さんの手を握ってあげると、患者さんの気持ちは落ち着きます。

ところが、もし「ナースコールが押されたら、患者さんのところに行って手を握ってあげましょう」というマニュアルがあったならどうでしょう。患者さんとしては、あんまりうれしくないですよね。もしかすると、近い将来、医療現場に患者さんの手を握ってくれるロボットが本当に登場するかもしれません。

マニュアルで手を握るというのは「行為」です。これに対して、無意識のうちに自然に手を握るというのは「しぐさ」です。

「行為」と「しぐさ」は違います。「違法行為」とはいっても「違法しぐさ」とはいいません。泥棒はモノを盗むという行為が法律に違反しているので逮捕されます。「しぐさ」が悪いから逮捕されるわけではありません。でも本当は、泥棒には行為だけでなく、泥棒らしい「しぐさ」というのもあるはずです。

患者（私）と看護師（他者）の関係を考えてみましょう。手を握るとき、私は看護師さんを感じますし、看護師さんも私を感じます。手を握るとき、「握る」と「握られる」が

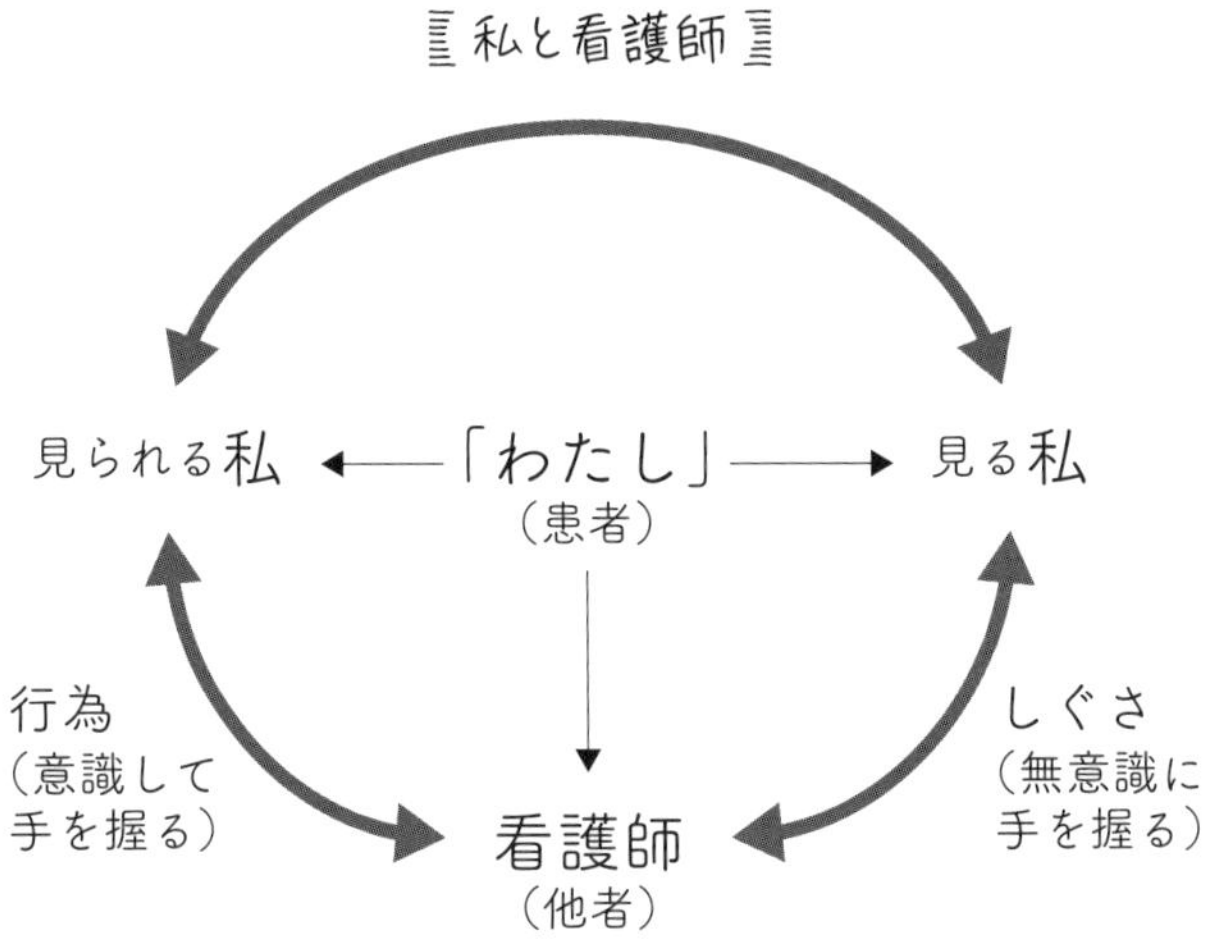
私と看護師
見られる私
「わたし」
（患者）
見る私
行為
（意識して
手を握る）
しぐさ
（無意識に
手を握る）
看護師
（他者）

同時に起こっていると感じます。

ふだん、そんなことは**意識**していないと思いますが、私が他者の手を握るとき、実は「他者が見ている私」も見ています。つまり、「わたし」は、自分で**認識**する自分（見る私）と、他者から認識される自分（見られる私）に分けて考えてみます。

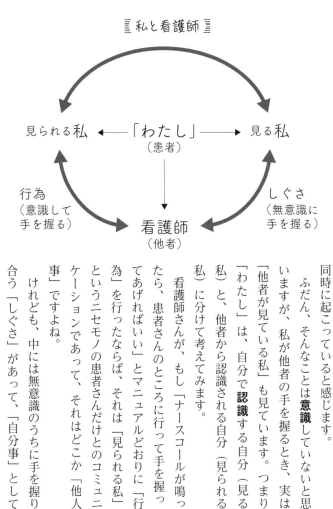

看護師さんが、もし「ナースコールが鳴ったら、患者さんのところに行って手を握ってあげればいい」とマニュアルどおりに「行為」を行ったならば、それは「見られる私」というニセモノの患者さんだけとのコミュニケーションであって、それはどこか「他人事」ですよね。

けれども、中には無意識のうちに手を握り合う「しぐさ」があって、「自分事」として患者さんと接することができる看護師さんもいるかもしれません。患者である私は、看護師さんが手を握っている「見られる私」だけではなく、無意識に手を握り合っている「見る私」の両方を同時に感じ合うことによって、そこに私が私である「わたし」という主体性を感じ取ることができます。

どんな職業でも、プロフェッショナルになる過程では、まず形や行為をまねるところから始まります。最初のうち、それはマニュアルをまねた、いわばニセモノの行為なのかもしれません。

そのまま最後までニセモノの「行為」で終わる人もいるかもしれませんし、やがて、それが自然な「しぐさ」となっていく人もいるかもしれません。

同じようなことはさまざまな場面で起こります。生徒の頭をごつんとたたいた先生の「行為」が体罰であったら、頭をごつんとたたくのはどうでしょうか？　ごつんとこつんの違いはその衝撃の強さで分けられるのでしょうか？　生徒がその先生をＳＵＫＩであったらどうでしょうか？　人のやさしさは、その「行為」で判断されるのでしょうか、それとも「しぐさ」で判断されるのでしょうか？

行為はやさしくても、あまりやさしさを感じない人もいますし、しぐさはやさしいのだ

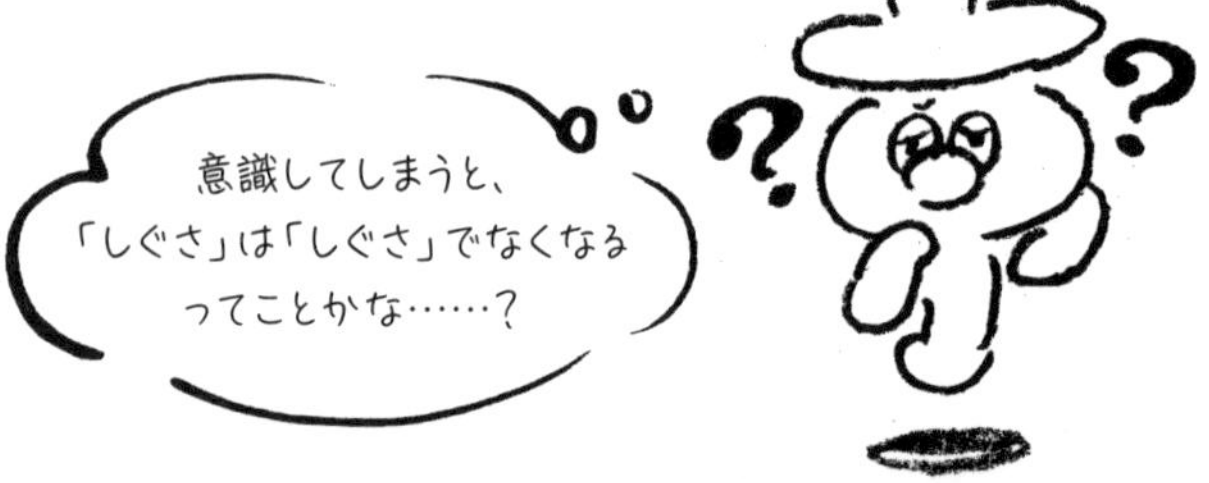
意識してしまうと、
「しぐさ」は「しぐさ」でなくなる
ってことかな……？

けれども、人を傷つけてばかりいる人もいます。やさしい行為をするには強さや賢さも必要ですが、やさしいしぐさは、それを意図してできるものではありません。

客観的に記述できる「行為」と、「わたし」という主体性の成立が関わる「しぐさ」との間には矛盾するさまざまな関係があります。

「他者」がいるから「わたし」がある

たとえば、医療現場のように多くの他者が複雑に深く関係する現場では、「見る私」と「見られる私」の間にさまざまな矛盾が現れてきます。

① 本当にやさしい人は、自分をやさしいとは思っていない

先ほどお話ししたナースコールの例でいうと、患者さんの手を握る看護師さんが自分の「やさしさ」を意識した瞬間に、手を握ることは他人事の「行為」になってしまいます。

一方、無意識のうちに手を握っている人は、自分のやさしさを自覚していません。だから、本当にやさしい人は、自分をやさしいとは思っていないように思います。

②一人になりたいけど、さみしい

私が学生時代に病院の小児科病棟でボランティアをしていたとき、小さい子どもはよく懐いてくれるのですが、中学生くらいの年齢になると、ボランティアの大学生をちょっとうっとうしいと思うときがあるようです。

みんな一人になりたがるのですが、一人になったらなったで、なんだかさみしそうです。

③知りたいけど、知りたくない

患者さんは、自分の病気について本当のことを知りたいという思いを抱えています。でも、「私の本当の病気はがんですか?」と質問する患者さんに、「そうです。がんです」と答えると、「なんで本当のことを言うんですか?」と非難されてしまう場合もあります。病気について本当のことを知りたいけど、知りたくないという矛盾があるのです。

④安楽だと苦しくなる

私の母親は高齢になっても自分で料理をつくっていました。けれども、認知症を患い、火をつけっぱなしにするようなケースが増えました。父親は目と耳がだいぶ不自由になっていたので、物忘れが多い母親と意思の疎通が難しくなり、しょっちゅうケンカをしていました。

その後、両親はそろって老人ホームに入りました。これは現在の社会状況ではとても幸福なことです。老人ホームは清潔ですし、安全で快適です。でも、本人たちは会うたびに、「家に帰りたいなあ」と言うのです。清潔で安全で快適でも、主体性が感じられないと生きている張り合いがなく、かえって苦しいのではないでしょうか。

⑤無視されるとつらいけど、同情されるともっとつらい

たとえば、職場や学校のグループ内で無視されるのは、本当につらい状況だろうと思います。けれども、無視されている自分のことを同情されてしまうと、さらにみじめな気分になってつらくなる場合もあるのではないでしょうか。

「一人になりたいけど、さみしい」というとき、自分事の「しぐさ」としてはさみしいのですが、他人事の「行為」としては周囲の人との関係を遮断して一人になろうとしています。「さみしいしぐさ」と「一人になろうとする行為」は矛盾していますが、「わたし」という主体性の成り立ちの中では当たり前のように同時に共存しています。

「一人になりたいけどさみしい」という矛盾した状況の中でも、いや、矛盾しているから

こそ、その**孤独**の中にも「わたし」がいるのかもしれません。このように、矛盾したモノやコトが同時にあることを「**即**」といいます。

けれども、本当に一人きりになったら**孤立**してしまいます。この孤独と孤立とでは、いったい何が違うのでしょうか。

たとえば、「わたし」が樹立するためには、自己ではない他者に出会わなければなりません。他者とは、人でもいいですし、たとえば絵やスポーツなどのモノやコトでもいいと思います。

他者がいることによって、そこに「わたし」が発見されれば、それは孤独であっても孤立ではありません。

ところが、次ページの図のように、たとえば親や先生や友人がとても強く干渉してくる「強大な他者」であったときはどうでしょう。

「見られる私」は仮面となって、つまり相手に調子を合わせて、ニセモノの私を演じることによって、「見られる私」と「見る私」の間の穏やかな関係性の中に樹立する「わたし」を守らなければなりません。

しかし、自分に正直であって共感能力にたけた人ほど、この仮面を演じることができず

私と強大な他者

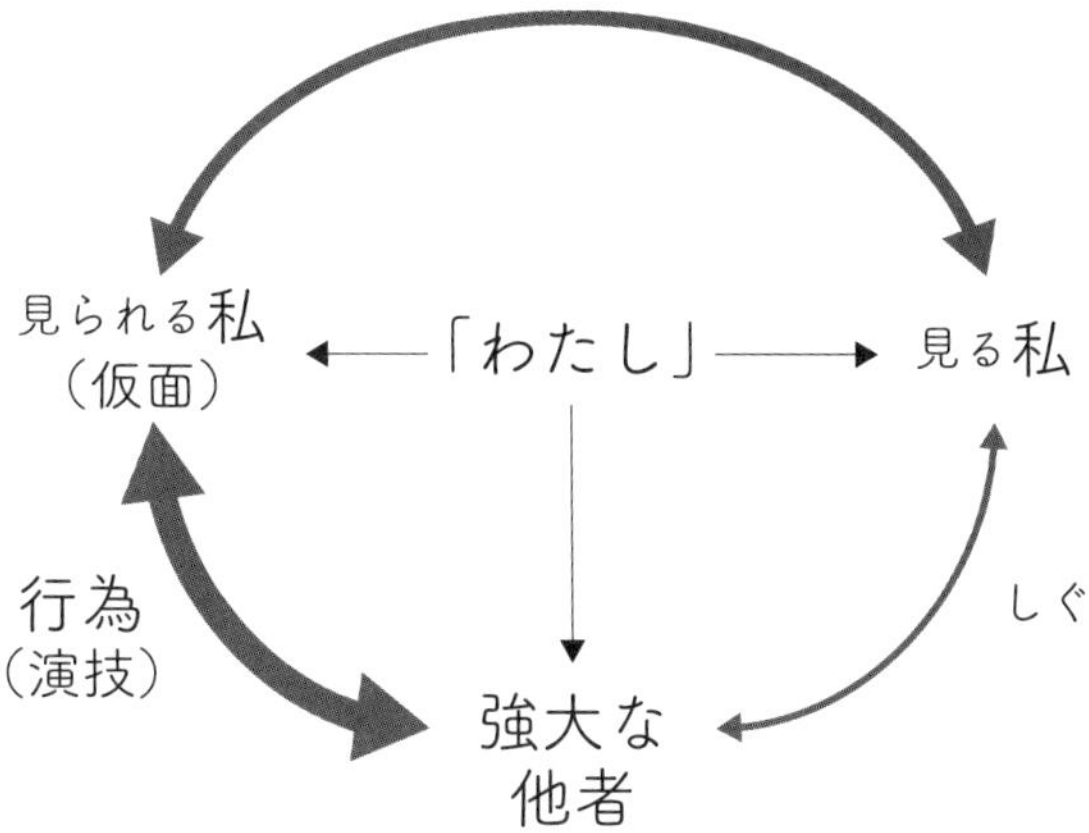
見られる私
（仮面）
「わたし」
見る私
行為
（演技）
しぐさ
強大な
他者

に精神的に追い詰められてしまう場合があるようです。逆に強固な仮面をつくって、そのニセモノの私の中に自分を埋没させてしまうこともあるかもしれません。

つまり、他者がいなければ孤立しますが、あまりに強すぎる他者がいて、仮面を演じることができない場合にも孤立が生じてしまいます。

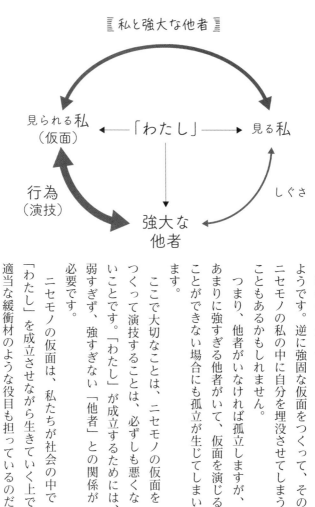

ここで大切なことは、ニセモノの仮面をつくって演技することは、必ずしも悪くないことです。「わたし」が成立するためには、弱すぎず、強すぎない「他者」との関係が必要です。

ニセモノの仮面は、私たちが社会の中で「わたし」を成立させながら生きていく上で適当な緩衝材のような役目も担っているのだと思います。

別の言い方をしますと、ここに描いたような矛盾が適度にあるからこそ、「オレはオレだ」が成立するのだと思います。

おのずからによる自由とは、このように他者との穏やかな関係性の中に成立します。

科学技術にもアート視点を

このように、「わたし」が成立する過程では矛盾が生じます。けれども、この矛盾したものを扱うほどには発達していない現代の科学・技術は、私たちの周囲から他者との穏やかな関係性を排除して、おのずからによる自由を奪ってしまう場合があります。

たとえば、患者さんにアンケートをとって「一人になりたいけど、さみしい」という矛盾した回答が上がってきたら、一般的にはそういう回答はデータとして扱いにくいのです。矛盾した回答の合理的な扱いは非常に難しいので、排除した上で、残された情報だけをもとに考えようとする場合が多いのです。また、「行為」ばかりが記述されて「しぐさ」は

きれいな音、きれいな色だけでは
人は感動しない!

記録されない場合も多いと思います。

しかし、アーティストたちは、当たり前のように矛盾を扱っているように見えます。アートに携わっている人たちは、名詞ではなく動詞で物事を捉えようとするからなのだ、と私は思っています。

私が、アートに可能性を感じたのは、ヴァイオリニストであり教育者の森悠子[3]先生が、「きれいな音だけじゃなくて『雑音』の中にもさまざまな響きがある」と発言されたのを耳にしたときです。

言われてみればたしかにそのとおりです。私たちは、ただきれいな音ばかりを聞かされてもあまり感動しません。さまざまな雑音が混じった中できれいな音を聞くと、音の**奥行き**を感じます。

絵画でも同じようなことがあります。ただきれいな色で描いてあれば、きれいな絵になるわけではありません。汚い色もあるからこそ、絵画という表現に奥行きが出ます。

「他者」がいて初めて「わたし」が成立するように、雑音や汚い色があることによって、美しさや奥行きが生まれる。そうして、強すぎる他者が「わたし」の成立を阻害するのと

3　森悠子（1944-）
6歳よりスズキ・メソードでヴァイオリンを始める。東儀祐二、齋藤秀雄らに師事。桐朋学園大学卒業。旧チェコスロバキア、フランスに留学。フランス国立新放送管弦楽団などに在籍し、リヨン国立高等音楽院助教授も務める。フランス政府より芸術文化勲章「オフィシエ章」授与。京都府文化賞功労賞、京都市芸術振興賞を授与される。

同じように、強すぎる雑音や汚い色は、美しさや奥行きを阻害するように、私は感じています。その「強すぎる」の度合いは、また人それぞれですけれどね。

ゴンゴンと響く音や原色の絡み合いの中で「わたし」を成立させる人もいれば、あるかないかのぎりぎりの刺激も、まだ強すぎる、と感じる人もいるかもしれません。

「できてしまうこと」との闘い

私が登壇した講座（「京大変人講座」二〇一八年七月一三日開催）では、世界的なヴァイオリニストであり医師でもある石上真由子[4]さんに来ていただきました。石上さんは世界大会を含め、さまざまなヴァイオリンの大会でも優勝されています。

ただ、こういう紹介の仕方は失礼なのかもしれません。というのも、石上さんは優勝することだけを目的にするならば、もっといくらでも優勝できる方なのだろうと思うからです。いわゆる〝傾向と対策〟に走らず、「今このときしか弾けない」姿勢を追求されている方なのだと思います。

講座で、石上さんに演奏していただいたのは、フランスの作曲家であるアンドレ・ジョ

4　**石上真由子**（1991-）

５歳からヴァイオリンを始め、８歳でローマ国際音楽祭に招待される。日本音楽コンクール２位、聴衆賞とE・ナカミチ賞を受賞するなど、国内外のコンクールで受賞多数。京都府立医科大学を卒業して医師免許を取得。京都市芸術新人賞、青山音楽賞 青山賞受賞。日本コロムビアより、CD『ヤナーチェク：ヴァイオリン・ソナタ』リリース。

リヴェの『スイット・ラプソディー』という曲。日本語に訳すと『狂詩的組曲』でした。

この曲には、「なんかちょっと気持ち悪い」とか「落ち着かない」と感じるような音が散りばめられています。森悠子先生がおっしゃる、「雑音」の中のさまざまな響きや、また、強すぎる他者によって「わたし」がもだえ苦しんでいるような像も、私は演奏から感じてしまうときがあります。「ときがある」というのは、石上さんの演奏の印象が、聞くときによってみな異なるからです。

動画サイト（https://youtu.be/oYA8p0M0trY?t=3259）には、デザイナーの桑田知明さんに、この曲や音のイメージを色の動画で表現していただいた作品も紹介していますので、ぜひご覧ください。

講座で石上さんに来ていただいたのは、私の勝手な思い込みかもしれないのですが、石上さんが「できてしまうこと」と闘っておられると感じるからです。

たとえば、石上さんと仲がよいある演奏者によると、演奏には四つのタイプを感じるそうです。「うまうま」「うまへた」「へたうま」「へたへた」です。

「うまうま」は、技術的にも優れていて、実際にうまく聞こえる演奏だそうです。

「うまへた」は、うまいけれども、伝わってこない演奏。

「へたうま」は、へたそうに聞こえるけれども、どこか心打たれる演奏。

「へたへた」は、へたそうであって、伝わってもこない演奏だそうです。これは、聞く側が感じるイメージであって、そういった演奏が客観的に定義されるわけではありません。

これを理想的な順に並べると、①「へたうま」、②「うまうま」、③「へたへた」、④「うまへた」になるそうです。なんとなくわかりますよね。

私も、「うまうま」を目指してしまう演奏家はあまり好きではありません。少なくとも、わざわざ出かけていって直接聞きたいとは思いません。

森先生や石上さんの演奏は、同じ曲を聞いていても、ああ、今日はこんな気分なんだなあ、と伝わってくるように感じて、飽きる、ということがないのです。

この、うまい・へたの感覚は、私が京都市立芸術大学の美術の先生方とおつき合いを始めて、学生の絵の講評会を見学させていただいたころにも感じました。

素人目に見ると「うまい」絵ほどボロボロに酷評され、へたくそに見える絵のほうが褒められることが多いように思ったのです。

講評の言葉はさまざまなのですが、それはたとえば、「君はうまいけれども、本当にそんな絵でいいの？　本当に描きたかった絵なの？」といったことだったと思います。

たとえば、ピカソの絵などを実際に見に行くと、どの時代の絵にもピカソ自身は満足し

ていないことを感じ取ることができます。名画として写真で見るピカソではなく、実際に目の前にあるピカソの絵はまったく別の生きた言葉をしゃべりだすのです。

ピカソも、きっと「うまうま」をゴールとすることに満足せず、「へたうま」を目指していたのではないでしょうか。

私は、「うまうま」を「行為としてコピーできてしまうことによって、しぐさが失われること」と解釈しています。うまく描こうとする「行為」を追い求めすぎた結果、「しぐさ」が失われて、作品が自分事ではなく他人事になってしまう。

「できてしまうこと」によって作品がどこか他人事になってしまうこと、この闘いは、命がけの壮絶なものなのだと思います。

現代の医学や科学は、まだまだ「うまうま」を目指している状況だと思います。

プロフェッショナルになる過程では、まずニセモノの行為から始まる、と述べましたが、どうも現代科学は、そのまま最後までニセモノの「行為」で終わる方向を選んでいるように思えるのです。

たとえば、ＡＩ（Artificial Intelligence）の問題もそうです。ＡＩが導入されると、社会の中でいろんなことが「できる」ようになります。でも、その「できる」が「わたし」の成立から考えれば、まだニセモノであることの自覚が必要だと思います。

私は、科学がホンモノになれるかどうかは、まず、「できてしまうこと」との闘いを持つかどうかにかかっていると思います。

そう考えると、今の科学者の多くは「うまうま」を求めていて、一流であったとしてもホンモノではないように思えるのです。

「SUKIであること」との闘い

学問が「へたうま」を目指すにあたっては、「SUKI」という動詞が大事だと考えています。

アーティストの場合でいうと、「SUKI」を追求していくのは簡単ではありません。一般的には「好きな絵を好きなように描いて食べていけるなんて、いい身分だ」などと言われがちですが、現実には優れたアーティストは矛盾の中で悩み苦しみながら「SUKI」を追求しています。少なくとも「うまうま」を目指すよりも、はるかに難しい道を歩んでいるのだと思います。

すき・きらい・SUKIる

『すき・きらい・SUKI る』

作詞：町井直秀（著者の art name） 作曲：多田里紗

SUKI-ru : awareness seeking irreplaceable relationship to produce diverse system

すきだけどきらい	I like you and dislike you
きらいだけどすき	I dislike you and like you
おこられるからきらい	Because you scold me I dislike you
おこられるからすき	Because you scold me I like you
ぜんぜんぜんぜん	No, no, no, no, it's not a deals
おとくじゃないけど	Because you are **kind hearted** "SUKI"
やさしいから SUKI	

すきだけどきらい	I like you and dislike you
きらいだけどすき	I dislike you and like you
むつかしいからきらい	Because you are difficult I dislike you
むつかしいからすき	Because you are difficult I like you
ぜんぜんぜんぜん	No, no, no, no, it's not a deals
おとくじゃないけど	Because you are **interesting** "SUKI"
おもしろいから SUKI	

すきだけどきらい	I like you and dislike you
きらいだけどすき	I dislike you and like you
キモチワルイからきらい	Because you are disgusting I dislike you
キモチワルイからすき	Because you are disgusting I like you
ぜんぜんぜんぜん	No, no, no, no, it's not a deals
おとくじゃないけど	Because you are **truly living** "SUKI"
生きているから SUKI	

SUKI-ru songlyricist : Naohide MACHII（art name of Naohide TOMITA）
composer : Risa TADA

この歌は「SUKI」の概念を表現した歌です。
SUKI-ru song Tomitaでネット検索をしてみてください。
5歳のほのちゃんの歌声を聞くことができます。

さて、この「ＳＵＫＩ」というのは「好き」とちょっと違います。「ＳＵＫＩ」という動詞は矛盾をはらんでいます。だから、「ＳＵＫＩ」には「好き」も「嫌い」も含まれています。

前述したように、「わたし」は「見る私」と「見られる私」という矛盾した動きの中に成り立っています。つまり、「わたし」の一部には他者が入っています。

たとえば、私は妻のことが「好き」でもあり「嫌い」でもあります。名詞で考えると矛盾していますが、動詞で考えると好きでもあり嫌いでもあるというのが真実なのです。

またたとえば、私は「わたし」のためだけに生きています。そうしてその「わたし」には、妻も家族も、学生たちも、さらに可能であれば世界中の事物が他者として入っていればいいなあ、と思います。

「バカヤロウ、オレはオレだ」のエネルギーが暴力にならない方法、学者の仕事が主体的であって、ホンモノの「役に立つ」になるための方法、そうして、ニセモノの「行為」が自然にホンモノの「しぐさ」になっていく過程、それが「ＳＵＫＩ」を追求する闘いであるのだと思います。「ＳＵＫＩ」だからといって、決して好き勝手をしているわけではありません。

ヒトが存在するための闘い

「できない」ことって、本当にダメなのか、という疑問から出発して、いろいろとお話ししてきました。

「できる」という機能だけでは、「わたし」という主体性は成立しないこと。

「わたし」という主体性の成立には、「他者」が必要であること。

そうして、「他者」「見る私」「見られる私」の間の適度な矛盾関係が必要であること。

そのためには、ニセモノの仮面を演じることも必要であること。

「ＳＵＫＩ」が、ニセモノの行為をホンモノのしぐさに変えていくコツであること。


なんとなくおわかりいただけたでしょうか？

これらの考え方は、「お互いの**存在**が、お互いによっている」というイキモノの基本的な原理の上に成立しています。

たとえば冒頭で、父母が赤ちゃんの機能をサポートする、といったお話をしましたが、本当は父母の存在も赤ちゃんによって支えられています。

また、赤ちゃんが成長して機能を身につけていくというお話もしました。私の父親は高齢になり、逆にいろいろなことができなくなっていきました。できていたことができなくなりつつある私たちに、科学技術はいったい何をもたらすのでしょうか。たとえば、速く動けるようになる装置かもしれませんし、転倒しにくくなる装置かもしれません。

でも、「それだけでいいのかな」と私は思います。

「できる」を支えたり増大させるだけではなくて、「ＳＵＫＩ」の関係性を持続させる環境づくりが必要ではないでしょうか。

今、科学は「うまうま」に向かって加速しています。

私たちの周囲が他人事で埋め尽くされそうになっている今、科学技術の舵《かじ》を「へたうま」の方向に切っておかなければ、いつか私たちの心の奥にある「バカヤロウ、オレはオレだ」のエネルギーが暴力になって暴れだすのではないでしょうか。今、科学技術も「できてしまうこと」との闘いや「ＳＵＫＩであること」との闘いを始めなければ、手遅れになってしまうような危機感を、私は持っています。

ヒトが持続的に存在することに関わる闘い……そうですね、それはとても静かで命がけの闘いなのだと思います。

愛すべき学者バカが、ただのバカに

さて、ここまで、いろいろと難しい名詞を使ってきました。主体性、機能、医療工学、効用値、期待効用値、当事者視点、他人事、消費社会、モノとコト、交換価値、行為としぐさ、他者、意識、認識、矛盾、孤立と孤独、奥行き、即、世界観、存在、そうしてSUKI。本来ならば、こういった言葉の定義をきちんと説明するとわかりやすいのでしょうねぇ。学者の「わかる」とは、そんな「わかる」だと思います。

けれども、この本ではそれをやめておきます。定義してしまうと名詞はコピーできます。名詞をコピーして、矛盾なくよりわかりやすく並べると「わかってしまう」からです。わかってしまうと、その「わかった」はまたコピーできてしまう。それは他人事の「わかった」であって、生き生きとした生命を失った干物です。

あれあれ、おしまいになって、またわけのわからないことを言いだしましたね。

たとえば、演劇を考えてみてください。ホンモノの俳優は、公演ごとに同じセリフをしゃべっていても、それはコピーではなく、そのときそのときにキラキラと、いつも新しい現実が生まれ出ているように感じます。

私たち学者は、コピーされた言葉や式を矛盾なく並べて「わかる」ようにします。わかった何かはまたコピーできる。つまり、学者とは過去のコピーに縛られたニセモノであって、まあ、役者にしたらバカな大根役者のようなものなのだと思います。

でも、ニセモノであることを知った上で、バカのように徹底して続けることをSUKIであり続けると、いつか古いコピーを打ち破って新しい何かを発見できる刹那《せつな》がある。それを信じてホンモノの学者はSUKIに徹している。まあ優れた役者にはかないませんが、愛すべき学者バカぐらいにはなれるだろうと思っています。

そのSUKIを忘れて、評価されることばかりを目的としている学者は、ただのバカですね。本当に新しいことはすぐには評価されないので、そんな人は本当に新しいことはしません。今の日本の政府は目の前にニンジンをぶら下げて学者を走らせて、愛すべき学者バカを、ただのバカに改造しているのだと思います。かくいう私も改造されつつある一人なので、この本ではちょっと逆らって、グレてみたいのです。

ですから、もうこれ以上「わかりやすく」説明しません。むしろ、もっとどんどん説明を省いて、読者の中で自由にぴちぴちと動き回る言葉だけにしぼらなければなりません……そうですね……。

≡愛すべき学者バカ≡

愛すべき学者バカをただのバカに改造中
文部科学省

「SUKIる」(SUKI-ru)を演じよう！

みなさんのそれぞれの劇場で、それぞれのSUKIを動詞として演じてみてください。動詞だから「SUKIる」です。英語のskillにもかけているのですが、まあそれはバカな学者のお遊びです。

最初はニセモノの演技でもかまいません。ニセモノでない人なんていません。さあ、みなさんのそれぞれの人生の、唯一の「SUKIる」を演じてみましょう！　あなたのホンモノの自分事の現実を探してみましょう！

バカヤロウエネルギーの変換

小児科病棟ボランティアでの経験です。長期に入院している子どもたちに、若い学生ボランティアが初めて会うと、ときとして髪の毛を引っ張られたり、服に落書きをされたり、ひどい悪口を言われたり、およそ彼らの日常からは考えられない「悪さ」をされることがありました。

またクリスマスなどの病棟行事で、医師たちがふだんは見せない「おかしな」「ふざけた」「悪い」姿を見せると、子どもたちはとても喜びました。

彼らは必死で「悪さ」を欲していたのではないかな、と思います。医療スタッフや親たちの「わけのわかった理屈」の中で「よい子」を演じ続けなければならない子どもたちの中では、わけのわからないエネルギーが限界近くまで抑えられていたのだと思います。

現代の世の中も、また「悪さ」を求めているのだ、と私は感じます。その「悪さ」は理屈や力で制御される対象ではないのだと思います。

このバカヤロウエネルギーは、小さなつぶやきが大きな力となって広がりやすい現代の仕組みの中では戦争へのエネルギーにもなりうる、と私は危機感を持っています。

バカヤロウエネルギーは、私の中にもあります。どうしたらいいんだろう、このエネルギーが「殺《や》っちまえ」にならずに、自分たちとは違う世界観を尊重して、それぞれの主体性を持続させる力に変えることはできないだろうか……そう、真剣に考えました。

そこでたどり着いた結論が、「ＳＵＫＩる」だったのです。

この本で書いた内容はとてもわかりにくかったと思います。けれども、結論は単純です。もう一度繰り返しますと……。

みなさんのそれぞれの「ＳＵＫＩる」を演じよう。

他者や敵のおかげで自分があるのだと、そう演じて、演じているうちにホンモノの自分が見つかるかもしれません。

KYOTO UNIVERSITY

富田先生の新しい発想のヒント

◇世の中が安全で快適になればなるほど、どんどん「他人事」になっていく

◇「できる」だけでは他人事になる。「自分にしかできない」唯一性に注目

◇「わたし」を成立させるためには、ニセモノの仮面をつくって演技することも必要！

◇「うまうま」ではなく「へたうま」を目指そう！

◇「できる」を増やすだけではなく、各自それぞれの「SUKIる」を演じていこう！

講座を振り返って

越前屋

僕の「変人講座」における仕事は、会場にいらしたみなさんに、先生方のお話をわかりやすくトランスレート（翻訳）することです。でも、正直に言って富田先生の講座のときだけは、先生が何をおっしゃっているのかまったく理解できず「あ〜今回はまったく仕事ができなかった……」と落ち込んでいたら、毎回講座に来ている常連さんたちが「俵太さん、今日はおもしろかったよ！」と。「申し訳ないけど、今までの中で一番〝変人度〟が高かった」って（笑）。

富田

（笑）。むしろそう言ってもらえるとありがたいです。学者が「説明する人」なのだとしたら、僕は**「説明できないゾ、ということを説明する」**という矛盾をやっているわけです。「なるほど、深いですね」なんて言われたら、こちらがニセモノになってしまう。「何言ってるかわかんない」と言ってもらって、僕が頭をかいて、初めて対話が成立したことになる。

越前屋

それまで、僕は先生方のお話を当然一〇〇パーセント理解した上で、すべてトランスレートしなければならないと思い込んでいたんですけど、富田先生の講座を経験したあとは、「三割はわからんままで、ええんちゃうかな」と思えるようになりました。

富田

それがいいんです。「わかった」ということは構造として受け取ったことで、それはコピーできるということでもあります。**われわれ学者はいろいろな人が言ったことのコピーの断片を並べ替えて、さもわかったように話している**ことがとても多いんです。

越前屋

高校のとき、何かにつけ「お前らわかったか?」と聞く数学の先生がいたんですけど、みんな怒られたくないから「はい、わかりました」と言っていました。でも、やっぱりわかっていないから、テストをすると全員点数が低い。あるとき、僕が思いきって「わかりません」と言ったら、案の定、怒られました。そのとき「日本の教育の問題はここに凝縮されている」と思った記憶があります。

富田

実は学会もそうですね。**学問は「本来わからないことをわかったフリをして真実に迫る」、または「仮定（配役）の上に成立する」演技なんです。**けれども、学問が評価の基準として働くようになってから、学者も演技であることを忘れて、あたかも演技が真実であるかのように思うようになってしまった。

越前屋

先生、すごいことおっしゃいますね。わかりたいから学問を学ぼうとする人に対して、**「わかってしまったら終わりなんだよ」**ということか。僕自身いろんなところで学生に教えてきて気づいたのは、大学が、わかっている人（先生）がわかってない人（学生）にものを教えるだけの場であってはならない。**先生が若い人と一緒になって、わからないことについて「これは何だろうね」と追究する場こそが大学**だと思うんです。

富田

そうそう。「本当はわかってないぞ」ということがわかっている人同士のほうが、新しいことを生み出せる。ただ、若い人が演技から入っていくのはいいことだと思うんです。僕の講座が終わったあと、たくさんの若い人たちが質問に来てくれました。若い人たちは「私はいい人のフリをしている」「自分はニセモノだ」と真剣に悩んでいるんです。大人よりもずっと敏感なのですね。彼らに、「ニセモノはダメ」「演技をするな」とは言えません。**最初はニセモノでも演技でもいい。フリをしているうちに、ホンモノが見つかっていく**わけですから。

越前屋

わかったフリをしたままだと、「なーんだ」で終わっちゃう。でも、お互いにわかったフリをしながら、だんだん核心に入って、本当の理解に向かっていくということですね。だから、最初から「わからない」と投げてしまうのも、「わかった」で終わるのもダメ。**「わかったフリ」から始めればいい。**

富田

ここに書いたことは、二、三〇年前から書いては捨てを繰り返してきた内容です。読者の方が、え？　わからん？　と考えているうちにそれぞれの心の中に生じてくる何かが、僕の表現したいことです。俵太さんに「愛情を持ってツッコんでもらう」ことによって、やっと表現したい内容が現れてきたなあ、と思っています。

越前屋

こちらこそ、かなり激しいツッコミ、その節は失礼しました！

BOOK GUIDE

富田先生のお薦めブックガイド

『書を捨てよ、町へ出よう』
寺山修司著　角川文庫
誰かがそんなかっこいいことを言ってましたね。私も賛成です。この本も読まなくていいかもしれません。
書を捨てるのが心配であれば、辞書ぐらいは買っておきましょうか？

『この世界の片隅に』
DVD、Blu-ray　監督：片渕須直　出演：のん、細谷佳正など
原作は、こうの史代のコミックです。

「ないをたのしむ」展ワークショップ映像
https://ocw.kyoto-u.ac.jp/ja/opencourse/291/video
2019年３月17日に、京都大学総合博物館で開催したワークショップ「きく、さわる、つくる」の動画です。目隠しをして、お友達の声を聞きながら作品をつくってみるワークショップの様子が視聴できます。

コラム　変人への道

京大における「変人」とは？

後編

酒井 敏（京大変人講座 発起人）
×

伊勢田哲治（文学研究科 准教授）
×

越前屋俵太（京大変人講座 ディレクター兼ナビゲーター）

コラムの前半（173ページ）から続く。

伊勢田　昔の旧帝国大学と呼ばれるような大学では、最初の二年間は、専門分野に進む前に教養部で学ぶことになっていて、ある意味**「遊ばせておく期間」**になっていました。その期間を教える特別な先生もいたんです。

越前屋　「遊ばせる」というのは、いわゆる一般教養と言われている知識を学ぶということですね。

酒井　たとえば理学部の場合、専門に行く手前で、物理・数学などの土台となるような基礎知識を身につけるイメージです。ただ、それ以上に**「視点を広げて、いろんなものの見方を身につけなさい」**という意図があったと思うんです、たぶん。僕が学生だった当時、そこまで理解していなかったけど。

越前屋　なぜ、それが廃止されたんですか？

酒井　**世間が「教養なんて役に立たん」て言うから**ですよね。学生からしてみても、何をやらされているかがわからない。あとになってみれば、「あれ、こんなところにつながるんや！」と思えるんだけど、最初はまったくわからないんです。だから、昔は「五月病」になる学生が多かった。

伊勢田　五月ぐらいに、もう大学に出てこなくなるやつですね。

酒井　ただ、そこで立ち止まって「俺、何しに来たんやったっけ？」「何がしたいんや？」と考えればいいんです。そうすると、**京大の場合、周りに好き勝手やってる人がいるのが目に入る。**その様子を見て、「好きなことをやれば、ええんちゃうか」と気づいて動き始める。結果的に何かおもしろい研究が始まる、という流れがあったんです。

越前屋　そういう流れがなくなってしまった？

酒井　ある意味、大学受験というのはレールの上を走っているわけです。で、入学して教養部に入ると、レールが突然なくなるわけですけど、しばらく路頭に迷った末に、好きなことを見つけて学び始める。つまり、**教養部は「自問自答する場」「考え方を変える場」として機能していた**と思うんです。

越前屋　教養部がなくなったということは、また新たなレールが出てきたということですか？

伊勢田　そうですね。確かに、四年一貫でかなり意識的にカリキュラムを組むようになってきています。

越前屋　おそらく酒井先生みたいに、**自問自答する期間の重要性を感じている人は少数派**で、大多数は文科省と同じように、「最初から寄り道なんてする必要ない」という考えだと思うんです。伊勢田先生の場合はいかがでしたか？

伊勢田　文学部って、ある意味、その教養部の二年間が四年続くんです。いつまでたってもレールに乗せてくれない。実は、専門に進んでも似たような感じなんですよ。

越前屋　なるほど。ずっと考えてなきゃいけない。

伊勢田　そう。もちろん「これをやりたくて来た」とはっきりしている人はいて、その人たちは最初から自分で勝手にレールを敷いて自分で動いているんです。でも大多数はそうじゃなくて、**四年間じっくり考えながら京大の水になじんでいく。**私の場合は一応、「大学に行ったらこんなことをやろう」と考えてはいたんですけど、ちょっと事情が特殊でして、吉田寮というところに入った。教養部がレールを外すところだとすると、吉田寮はそれ以上に、走ってきたレールごと引っこ抜かれるみたいな場所でした。

酒井　ハハハハ！

伊勢田　これまで信じてきたものも全部引っこ抜いて「もういっぺん考え直せ」と。そこで、「自分はずいぶん、不自由なものの考え方をしてきたんだなー」と気づかされた部分があります。だから、入る前に思っていたのとは全然違う研究をやるようになったわけです。

越前屋　つまり大学は、**今まで考えたことを全部フラットにして、そこから新しく何かを構築できる場でもあった。**

酒井　そうそう。ただ、日本は特殊だったかもしれないです。少なくともアメリカとは違うと思います。

日本とアメリカ、大学教育の大きな違い

伊勢田　そうですね。**アメリカはむしろ高校までレールがないんですけど、大学に行って初めてしっかり勉強するようになる。**

越前屋　「日本は大学に入ったら勉強しなくなるけど、アメリカでは大学に入りやすい代わりに勉強しないと卒業できない」ってよく聞く話ですね。

酒井　それがどういうことかというと、アメリカの場合は、小中高で「読み書きそろばん」はろくに教わらない。だけど**「お前、何したいんや？」ってことは、たぶん相当問われている**はず。

越前屋　いろいろな人がいる中で、「自分の意見をはっきり持って、しっかりアピールしなさい」と、子どものころから言い聞かされている印象がありますね。

酒井　ただ、最終的には「読み書きそろばん」みたいな技術も必要なわけですよ。その技術を学ぶときに、自己主張ばかりしていたら教わることができない可能性がある。だから、**日本の場合、まずは自己主張を抑えて技術を先に身につける。で、大学に入った**

ら「自分のやりたいことをやってみろ」というスタイルを採用してきたわけです。逆にアメリカの場合は、「やりたいこと」はハッキリしているけど、やり方を知らんのです。

伊勢田　だから、アメリカの大学ではやり方を教えてくれるんです。

酒井　そう。**やりたいことをやるための技術を知らないから、「それを教えてくれ」と必死に勉強する。**だから、アメリカの大学生が真面目なのは当然なんです。

越前屋　僕は、個人的にはアメリカ式のほうがいいなと感じます。クリエイティブなことでいうと、やっぱりアメリカが先行しているじゃないですか。**日本は、新しいものをつくろうとする人間にとっては、厳しい社会**だと思うんです。

酒井　その気持ちもわかりますけど、人間として生きていくためには「技術」と「やりたいこと」の両方が必要なわけです。どちらを先に学ぶかの違いであって、日本式にもアメリカ式にも一長一短があります。**日本では「自分でやりたいことをやってみろ」と**

掘り起こす場所が教養部だった、と考えています。日本の学生は、すでに技術を身につけているから、やりたいことに気づけば、そこから走り出すことができるんです。

越前屋　京大に教養部があったときは、そういった気づきの場として機能していたけど、それをなくして一方的にレールを与えようとしてもダメということですね。

酒井　今、起こっていることは、アメリカ式のやり方を日本の大学に当てはめるということです。それをやるのなら、小中学校からの教育を変えないとダメです。もともと、そっちの方向に舵《かじ》を切ろうとして取り入れたのが、ゆとり教育だったはずなんですけど、ゆとり教育をやめておきながら、大学ではアメリカ式を導入しようとしているのが今の日本なんです。

変人の大切な条件、「あなた自身であること」

越前屋　そのあおりで、昔の京大のよさが失われてしまっている、と。

伊勢田　一概に「昔がよかったのか」と言われると、それは違うと思います。たしかに、私の学生のころはそんなに真面目に学問を教えてもらってないです。事実、四年間何も勉強しないまま社会に出ていった人も多かったわけですから、もろ手を上げて礼賛するようなシステムでも、あんまりなかったと思います。ただ、意図した結果じゃないけれど、そのシステムの中から好きなことを見つけてやる人たちが出てきたというのも事実なんです。

越前屋　誰が見ても正しい形で四角四面に教えたらいいかと言うと、そうすることによって今度は生まれないものがあるかもしれない。

伊勢田　「すごく突拍子もない人」が生まれにくくなってきた。

越前屋　つまり、**「変人」が許容されにくくなっているる**ということですね。

伊勢田　人は環境の中でつくられます。酒井さんがおっしゃっていたように、**教養部や文学部という、なんだかよくわからない人がそのへんをうろうろしている環境にいることに**

よって、京大の研究者は生み出されてきたということです。

酒井　そう言えば、和歌山大学で「教養」を英語で表現する取り組みをしていました。普通は教養を「Liberal Arts」と訳すわけですが、「リベラルアーツ」と言われてもよくわからない。そこで「The Art of Being a Professional」（プロフェッショナルになるためのアート）、「The Art of Being a Human」（人間であるためのアート）という二つの軸を打ち出した。「この標語はわかりやすくていいなあ」と思ったんです。

越前屋　それはいい話ですね。ただ「和歌山大学、いいね！」で終わりたくないので、せっかくですから、「京大変人講座」を通じて、目指そうとする変人像を標語にしてみませんか？　たとえば「変人たれ！」を英語で捉えると……。

伊勢田　ここで言う〝変人〟は、奇をてらったことをするという趣旨ではなく、**「Be Yourself」**みたいなことでしょうか。

越前屋　おお！　**「あなた自身になりなさい」**か。いいなあ、「Be Yourself」。きましたね！

酒井　まさにそういうことです。素晴らしいキャッチコピーができました！

越前屋　「個」を捨てて、周りと合わせてたたかれないように生きている人ばかりの現代だからこそ、どんどん変人が減っている状況があります。その中で、**「Be Yourself」と堂々と主張できるのは、もしかしたら京大だけ**かもしれない。

酒井　僕は、この精神を京大の学生だけじゃなく、社会に出た人にも感じてほしいとの思いで「京大変人講座」をやっているんです。

伊勢田　社会には、「自分自身になれていない人」がいっぱいいるわけですからね。

越前屋　たしかに、**「自分自身じゃないまま生きている」ことに悩んでいる人**はいます。もしかすると、「これからも、そうやって生きていかないといけない」って思い込んでいる人のほうが多いかもしれない。

酒井　だからそういう人たちをなんとか、引っ張り出せれば、と。

学生たちが「勝手に育つ場所」をつくる

伊勢田　今「Be Yourself」って言いましたけど、それを個人の責任にしてしまうのはおかしくて、それを許してくれる空間がないといけない。**「自分自身になれる場所」をつくる必要があるる**んです。

越前屋　**それが本来の大学であり、京大はそういう場所でなければならない**ということですね。

伊勢田　もちろん、いろいろと調整しなければいけないことはあるでしょうけど、そこをうまく乗り越えることで、そういう空間はつくれるはずなんですよね。「自由になりなさい」って上から命令されたのでは、本当の意味で自由にならないですから。

越前屋　「この場はそういう場所ですよ」って押しつけてしまったらダメ。人間、「やれ」って言われたらやらないし、「自由だ」と言われたら「自由じゃない」ということになる。いったい、どのようにすればいいんでしょう。

伊勢田　それは、**自然に生育できるよう、きちんと栄養をあげる**ということじゃないですか。

酒井　肥料だけをまいて、あとはほったらかすというか。

越前屋　僕は山にこもっていたとき、土を耕してわかったんですが、栄養すら入れなくていいんです。人工的に宅地にされたカチコチの土に、鍬《くわ》で耕して隙間を入れることによって、バクテリアが来て、ミミズが来て、モグラが来て……という具合に、勝手に耕されていくんですよ。

酒井　なるほど。

越前屋　**耕して土をつくるのが先生で、あとは学生たちが勝手に育っていく**んですよ。土を自分に例えると、「カチコチの自分に鍬を入れて柔らかくする」ということですかね。

伊勢田　それはいい例えですね。

越前屋　教育も土づくりも一緒だと思います。土を耕せば植えてもいないものが生えてくるんですよ。どこかで実を食べた鳥が勝手にフンを落としてくれたり、種子が向こうから風に乗って飛んできたりして……。

酒井　まさに私たちがやっているのは、そういうことかもしれませんね。

越前屋　**教育も土づくりも、結局は一緒なんですね！**

おわりに 「本能の声」に気づく、従う

三年前、京大変人講座を始めた当初、

「『変人』という言葉は差別用語だから、不適切ではないか」

と言われたことがあります。

しかし、差別用語をなくせば差別がなくなるわけではありません。今のご時世、なぜか形の上だけの「正しさ」が大きな顔をしすぎじゃないでしょうか？　もちろん、常識は常識なので、とりあえず常識に従っていれば楽に生きていける。そりゃそうかもしれません。でも、そんな人生、楽しいでしょうか？

私たち人間も、地球上に生息する生物の一種です。

その生物は、数が多いという意味での「普通」の生物もいますが、「変なヤツ」もいっぱいいます。そして、その**変なヤツこそ、進化をもたらす大事なヤツ**です。もちろん、普通は普通で悪くない。でもそれは「正しい」わけじゃない。

別に「変」でもいいじゃないですか。もしかしたら将来、それが普通になるかもしれないし。

最近、そんなある意味でいい加減な考え方が、通用しなくなってきました。

でも、生物として考えれば、それは絶滅へと続く道です。難しいことを言わなくても、世の中の普通の人も、なんとなくそのことに気がついているんじゃないでしょうか？

なぜなら、それは**生物の本能**だからです。


京大変人講座は、そんな本能の声に気がついた多くの方々に支えられてきました。

理性を持った人間にとって、本能の声に従うのはちょっと勇気が要るものです。

これまで、その勇気を出してくださった方々に心から感謝するとともに、よりたくさんの方々に勇気を出していただけるよう、ボチボチ頑張ろうと思います。

京大変人講座　発起人
酒井　敏

障害などの事情により、本書を読むことができない方に向けて本書のテキストデータ（図版やイラスト、写真は含みません）をＣＤ－Ｒに入れてお送りいたします。ご希望の方は、本書のカバーの後ろの折返しにある「テキストデータ引換券」（コピー不可）、２１０円分の切手を同封し、送付先の郵便番号・ご住所・お名前を明記の上で、下記の宛先までお申し込みください。

〒１０２－００７２
東京都千代田区飯田橋３－３－１
（株）三笠書房　編集本部　『もっと！　京大変人講座』テキストデータ送付係

＊第三者への貸与、配信、ネット上での公開等は著作権法で禁止されています。
＊データはテキストのみで、イラストや写真などは含まれません。
＊データの提供は、本書の刊行から５年以内といたします。

もっと！　京大変人講座《きょうだいへんじんこうざ》

著　者――酒井　敏（さかい・さとし）／市岡孝朗（いちおか・たかお）／
伊勢田哲治（いせだ・てつじ）／土佐尚子（とさ・なおこ）／
嶺重　慎（みねしげ・しん）／富田直秀（とみた・なおひで）

ディレクター兼ナビゲーター――越前屋俵太（えちぜんや・ひょうた）

発行者――押鐘太陽

発行所――株式会社三笠書房

〒102-0072 東京都千代田区飯田橋3-3-1
電話：(03)5226-5734（営業部）
：(03)5226-5731（編集部）
https://www.mikasashobo.co.jp

印　刷――誠宏印刷

製　本――若林製本工場

編集責任者　清水篤史
ISBN978-4-8379-2823-2 C0030